贈れる 飾れる

ペーパークイリング
スタイルブック

PAPER QUILLING STYLEBOOK

菊地七夢

日本ヴォーグ社

CONTENTS

PART.1
イベントスタイル

誕生日のサプライズBOX	p.4
バースデーカード	p.6
マンスリーステッカー	p.7
ウェルカムボード	p.8
サンクスボード	p.9
席次表&ナプキンホルダー	p.10
イニシャルフラワー	p.11
お正月飾り&髪飾り	p.12
お年賀用のし紙&ぽち袋	p.13
桃の花のリース&ラッピングフラワー	p.14
イースターカード&うさぎのカチューシャ	p.15
一輪のカーネーション&黄色のバラ	p.16
メッセージボード	p.17
フォトプロップス	p.18
クモとミイラのペーパーバッグ	p.19
クリスマスのサプライズBOX	p.20
雪の結晶のオーナメント	p.21

PART.2
インテリアスタイル

玄関用ウェルカムボード	p.22
アルファベットA〜Z+&	p.24
しずく形オーナメントのモビール	p.26
ホワイトリーフのリース	p.27
季節のミニフレーム	p.28
バラとユリのアロマディフューザー	p.30
レリーフ模様のフォトフレーム	p.31

PART.3
プレゼントスタイル

発表会の招待状&プログラム	p.32
花束のメッセージカード	p.33
6種のフルーツのギフトタグ	p.34
ネックレス&イヤリング	p.36

HOW TO MAKE

ペーパークイリングの基本	p.38
基本のパーツ	p.40
基本のテクニック	p.42
LESSON　誕生日のサプライズBOXを作りましょう	p.53
実物大スケール	p.56
基本の型紙	p.57

 テンプレート

このマークのある作品はWebサイトから、
テンプレートのPDFをダウンロードすることができます。
http://www.nk-craft.net/

HOT LINE ホットライン

この本に関するご質問は、お電話またはWebで

書名／ペーパークイリング スタイルブック
本のコード／NV70443
担当／加藤みゆ紀
Tel／03-3383-0634（平日13：00～17：00受付）
Webサイト／「日本ヴォーグ社の本」http://book.nihonvogue.co.jp
※サイト内〈お問い合わせ〉からお入りください。（終日受付）
【注】Webでのお問い合わせはパソコン専用となります。

★本誌に掲載の作品を、複製して販売（店頭、ネットオークション等）することは
禁止されています。手作りを楽しむためにのみご利用ください。

PART.1
イベントスタイル

誕生日や結婚式など"特別な日のイベント"と、
お正月、ハロウィン、クリスマスといった"季節のイベント"にぴったりなアイテムを紹介します。

誕生日のサプライズBOX

ふたをとると側面がパッと開き、お花がいっぱいのバースデーケーキが飛び出します。
側面のページにはメッセージを書いたり、思い出の写真を貼ることができます。
箱が開いた瞬間の驚きと喜びを想像しながら作りましょう。

HOW TO MAKE...P.53（写真つきレッスン）

テンプレート

5

バースデーカード

プレゼントに添えるカードにひと手間かけて
手作りのカードでお祝いの気持ちを伝えましょう。
ペーパークイリングの飾りをプラスすると、立体感が出て華やかに。

HOW TO MAKE...P.60

テンプレート

マンスリーステッカー

生まれた月から1歳になるまでの12か月間の月齢シール。
赤ちゃんの洋服に貼って、
おしゃれでキュートなメモリアル写真を残しましょう。

HOW TO MAKE...P.61

> テンプレート

※1～12monthsまで。

ウエディング

ウェルカムボード

海の見えるリゾートでの結婚式をイメージして
ハイビスカスとプルメリアをメインにキルトのような柄をデザイン。
晴れの日のゲストを迎える演出におすすめです。

HOW TO MAKE...P.62

テンプレート

サンクスボード

バラや水仙、ユリなど華やかな花にリボンをプラスしてブーケに。
今までの思い出や感謝の気持ちのメッセージとともに
大切な人へのプレゼントにしてください。

HOW TO MAKE...P.63

テンプレート

席次表&ナプキンホルダー

大切な人とたちに集まってもらう晴れの日、ゲスト1人1人の手に渡るアイテムを手作りで。
しわ加工をほどこした花びらを重ね、やわらかい印象が美しいバラを作りました。

HOW TO MAKE...P.64

> テンプレート

イニシャルフラワー

ふたりのイニシャルに色とりどりのクイリングフラワーを敷き詰めています。
会場の入り口につるしたり、新郎新婦のテーブルの上に飾ったり、
当日の会場の雰囲気を盛り上げる素敵な演出に使ってください。

HOW TO MAKE...P.65

テンプレート

※A〜Zまでダウンロードできます。

お正月

お正月飾り＆髪飾り

水引で作ったお正月飾りに、菊やユリを添えて。
清らかな新年の空気に美しい色の花々が映えます。
菊の花は重ねる段数を変えれば、小さな髪留めにもできます。

HOW TO MAKE...P.66、67

お年賀用のし紙＆ぽち袋

小さくてかわいい新年のモチーフたち。
お年賀やぽち袋のように複数の人に差し上げるものにこそ
手軽に作ることができるクイリングを添えて、ワンランク上の粋な贈り物に。
HOW TO MAKE...P.67

ひなまつり

桃の花のリース＆ラッピングフラワー

女の子が主役の桃の節句。
ひなまつりパーティーはピンクいっぱいのリースでお出迎えしましょう。
花をたくさん作ってプチギフトのラッピングにもプラス。

HOW TO MAKE...P.68

イースター

イースターカード＆
うさぎのカチューシャ

イースターパーティーに欠かせない、
エッグモチーフのインビテーションと子ども用のカチューシャを作りました。
カチューシャはモールで作った耳に、春の花を添えてとびきりかわいらしく。

HOW TO MAKE...P.69

テンプレート

母の日と
父の日

一輪のカーネーション＆黄色のバラ

赤いカーネーションと黄色のバラ。
すっかり定番のこのお花たちも、ペーパークイリングで作れば新鮮な印象に。
枯れない感謝の気持ちを、プレゼントでそっと添えて。
HOW TO MAKE...P.70

メッセージボード

ペーパーフレームのコーナーに、ガーベラなど明るい色合いのお花を装飾。
日頃の感謝の気持ちを込めたメッセージや
かわいいお孫さんの絵や写真を入れて贈るのもおすすめです。
HOW TO MAKE...P.71

テンプレート

フォトプロップス

簡単かわいいフォトプロップスを用意すれば、
今年のハロウィンパーティーも盛り上がることまちがいなし。
スタイリッシュなカラーリングで写真映えもばっちり！

HOW TO MAKE...P.72　テンプレート

クモとミイラのペーパーバッグ

トリックオアトリート！
ハロウィンにたくさん配りたいお菓子は、ちょっぴり怖かわいくラッピング。
ミイラ風紙袋は、包帯風にペーパーを貼りつけ、目玉をプラスするだけ。
クモは一色で作ることができちゃいます。

HOW TO MAKE...P.73　テンプレート

クリスマスのサプライズ BOX

真っ赤なリボンがかわいいふたを開けると、中心にはツリーが登場!
周りには雪だるまやリースなどクリスマスらしいモチーフをあしらいました。
そのまま飾るだけでクリスマス気分を存分に楽しんでもらえる BOX です。

HOW TO MAKE...P.74

テンプレート

雪の結晶のオーナメント

幅の広いクイリングペーパーで作るオーナメント。
ツリーに飾っても、ウォールデコにしても素敵。
ていねいに少しずつ作る、寒い冬の楽しみに。

HOW TO MAKE...P.75

PART.2
インテリアスタイル

玄関用ボードやミニフレームなど、室内に飾るアイテムは、毎日の生活に彩りを添えてくれます。

玄関用ウェルカムボード
玄関の目立つ場所に飾って、お客様をお迎えしましょう。
文字も装飾もすべてペーパークイリングで作っています。
HOW TO MAKE...P.78

アルファベット A～Z ＋ ＆

「A～Z」までのアルファベットと「&」を、すべてクイリングペーパーで表現しました。
まずは自分のイニシャルから挑戦してみてくださいね。

HOW TO MAKE...P.76、77

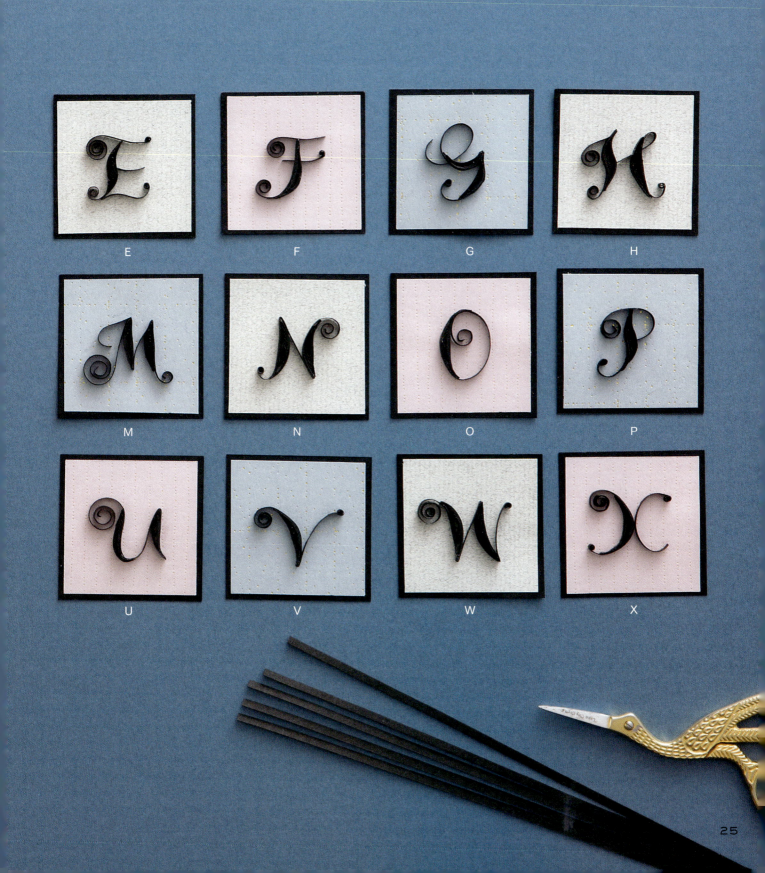

しずく形オーナメントのモビール

風が吹くとゆらめいて、ガラスビーズやランストーンがキラキラと美しく輝くモビール。
穏やかな日常を飾るインテリアです。

HOW TO MAKE...P.79

ホワイトリーフのリース

幅の広いクイリングペーパーをくるくる巻いて作る透け感のある大きなリース。
オールシーズン飾って楽しめるアイテムです。

HOW TO MAKE...P.80

季節のミニフレーム

春はたんぽぽ、夏は花火、秋は紅葉、冬は雪の結晶。
季節ごとにお部屋に飾って、四季を感じてください。
HOW TO MAKE...P.81、82

春

夏

秋　　　　　　　　　　冬

29

バラとユリのアロマディフューザー

ラタンスティックをお花と葉っぱでデコレーションしました。
好きな香りのオイルを用意したら、自分だけの癒しアイテムの完成です。

HOW TO MAKE...P.82

レリーフ模様のフォトフレーム

ペーパークイリングで作るレリーフ模様をシンメトリーに配置。
繊細でエレガントな装飾でペーパーフレームを華やかに。

HOW TO MAKE...P.83

PART.3
プレゼントスタイル

招待状やカードなど大切な贈り物をちょぴり華やかに……
モチーフをアクセサリーに仕立ててプレゼントするのもおすすめです。

発表会の招待状＆プログラム

晴れの舞台へのお招きは、リズミカルに音符を並べたペーパーアイテムで。
遊び心とおもてなしの気持ちを添えて贈ります。

HOW TO MAKE...P.84

テンプレート

花束のメッセージカード

華やかなブーケの形をした寄せ書きブーケ。
立体的な一輪のお花の裏には、一人一人書いたメッセージが貼りつけられるようになっています。
みんなからの感謝の心を伝えるのにおすすめのアイテムです。

HOW TO MAKE...P.85

テンプレート

6種のフルーツのギフトタグ

色とりどりのフルーツは、作りながらワクワク、飾っておいてもかわいいモチーフ。
ラッピングのアクセントにプラスしてください。

HOW TO MAKE...P.86

| テンプレート |

ネックレス&イヤリング

繊細で美しいペーパークイリングで作るアクセサリー。
紙なのでとても軽やかな仕上がりです。
クイリングはトップコートなどでしっかりとコーディングをしましょう。

HOW TO MAKE...P.87

HOW TO MAKE

- 解説の中で特に表記のない数字の単位は cm です。
- この本で使用しているクイリングペーパーの長いものは 35cm、短いものは 17cm です。必要な長さに切って使います。
- 説明ではクイリングペーパーを「QP」と表記しています。
- 作品の図は、比率があるもの以外は実物大です。
  パーツは巻き方や長さによって大きさが変わります。
  P.56 の実物大スケールを目安に確認しながら作りましょう。
- 用具や材料の取扱い店は、P.88 をご覧ください。
- 作品ページに テンプレート マークのある作品は、
  著者の Web サイト「NK クラフト」(http://www.nk-craft.net/) から
  テンプレートの PDF データをダウンロードすることができます。

ペーパークイリングの基本

まずは、ペーパークイリングに必要な基本の材料と用具について紹介します。
しっかりと準備をして取りかかりましょう。

ペーパークイリングとは

ペーパークイリングは、細長く切った紙のリボンをクルクルと巻いた渦「コイル」の美しさを生かしたペーパークラフトです。そのコイルを様々な形や色で作って組み合わせ、葉や花などのモチーフを表現します。

紙について

ペーパークイリングに使用する紙は、
画用紙やファンシーペーパーなど少しハリのある紙が適しています。

クイリングペーパー

細長く裁断されたクイリング専用のペーパー。紙の幅や長さは、作る作品の大きさによって使い分けます。

左から
・13mm幅　長さ35cm
・10mm幅　長さ35cm
・5mm幅　長さ35cm
・3mm幅　長さ35cm

あらかじめ使いやすい長さ（17cm）にカットされている3mm幅のクイリングペーパーのセット

ブロッサムペーパー

すでに型抜きされているペーパー。スパイラルローズやフリンジなど、立体的な花や葉を手軽に制作することができます。

画用紙・ファンシーペーパー

指定の幅に細長く切ってクイリングペーパーを作ったり、本書に掲載の型紙を写してブロッサムペーパーを作ることができます。ファンシーペーパーは色上質紙、レザック、ラシャ、タントなどの種類がおすすめです。

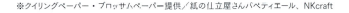

※クイリングペーパー・ブロッサムペーパー提供／紙の仕立屋さんパペティエール、NKcraft

用意する道具と材料

ペーパークイリングに使う道具と材料。掲載されているものをすべて揃える必要はないので、使いやすいものを選んで用意してください。

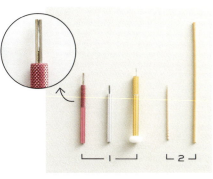

※ビギナー用スロット提供／紙の仕立屋さんパペティエール、NKcraft

巻く

1. クイリングスロット
先端の溝にクイリングペーパーをはさんで巻く専用の道具。作品の大きさや繊細さによって道具を使い分けます。
左から
・太スロット（ビギナー用）…主に大きなパーツや2枚重ねて巻くときに使います。
・中細スロット…大きなパーツから繊細なパーツまで作ることがでます。
・細スロット…アクセサリーなど小さな作品などに使用します。
2. つまようじ・竹串
クイリングスロットの代わりに使用することができます。

切る

1. はさみ…直線、曲線を切るときに使います。ペーパークイリングには、はさみが鋭角で刃が短いものが適しています。
2. カッター＆カッティングマット…細かい部分を切るとき、定規と合わせて使い直線を切るときなどに使います。必ず下にマットを敷きましょう。
3. ピンキングはさみ…波形やギザギザなどにカットできるはさみ。フリンジに変化をつけたいときなどに使用します。

測る

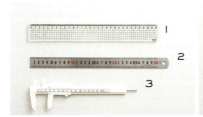

1. 定規…クイリングペーパーの長さを測るときに使います。
2. 金属定規…長さを測ったり、カッターで紙を切るときに使います。
3. ノギス…完成した花やパーツの大きさや高さなどを測ることができます。
4. 円定規…さまざまな直径の円の穴がついています。円の中にルーズコイルを入れ、大きさを揃えます。

貼る

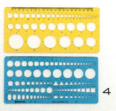

1. 木工用（手芸用）ボンド…乾くと透明になるものがおすすめ。ラインストーンなどを貼るときに使用するデコレーション用ボンド（右）もあると便利。
2. 厚紙…ボンドは一度厚紙に出して少量をつまようじでとって塗りましょう。
3. 綿棒…ボンドがはみ出したときに拭います。
4. つまようじ…ボンドを塗るときに使用します。

あると便利な道具

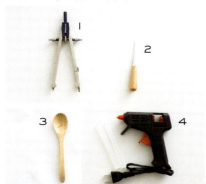

1. コンパス…円形のパーツがある作品に使用します。
2. 目打ち…台紙に穴を開けるときに使います。
3. タオル＆スプーン…花びらにしわ加工するときにセットで使います。
4. グルーガン…パーツを貼るときに使います。

整える

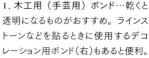

1. コルクボード＆まち針…リップルコイルを作るときに使います。
2. ピンセット…パーツを作るときや各パーツを組み立てるとき、台紙に貼るときに使用します。細かい作業に欠かせません。

デコレーションアイテム

1. ネイル用トップコート…アクセサリーのコーティングに使用します。速乾タイプのものがおすすめ。
2. ペップ…花の花芯に使用します。
3. ラインストーン…スワロフスキーやパールなど。作品に加えるだけで華やかさがアップします。
4. 絵の具…花びらに色をつけるのに使用します。
5. リボン／麻ひも／紙テープ／クラフトバンド…作品の装飾に使ったりリースなどの土台に使います。
6. フレーム…ペーパーフレームはクイリングと相性の良いフレーム。その他作品のサイズに合わせて使いましょう。
7. カード台紙／紙袋／ぽち袋…ペーパークイリングの装飾が映えるようなシンプルなものがおすすめです。

基本のパーツ

本書で使用している基本のパーツを紹介。
つまみ方や角度の違いで、様々な形のパーツを作れます。

ルーズタイプ P.42-44
ペーパークイリングでもっとも使う基本の形。
以下の形にアレンジできます。

リップルタイプ P.44
ルーズコイルの応用。
中心を片側に寄せた波紋のようなパーツ。

スクロールタイプ P.45-46
巻き終わりを接着しないパーツ。
巻く方向や折り目を変えると以下のようなパーツに。

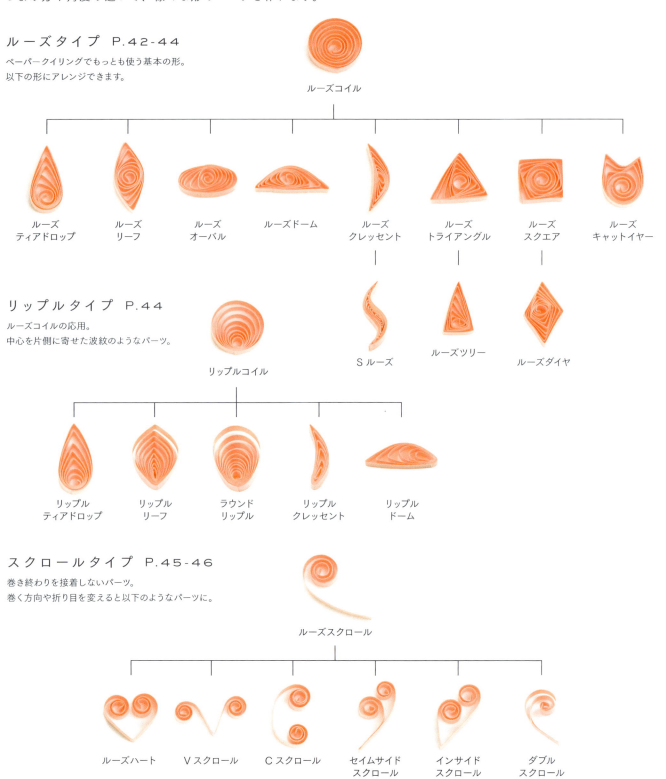

タイトタイプ P.46-47
きつく巻いたパーツ。

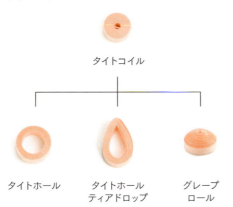

プリーツタイプ P.47
巻かずにカールさせたパーツ。

フリンジタイプ P.48
細かい切り込みを入れて作るパーツ。

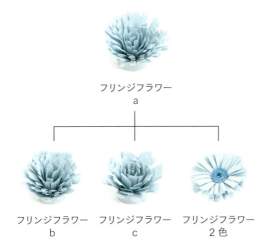

ローズタイプ P.49
巻きながら折ったり、らせん状に巻いて作ることができます。

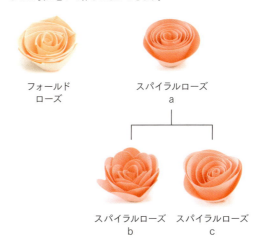

ブロッサムペーパー P.49-51
型紙を利用して作るパーツ。

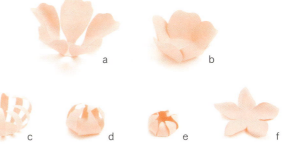

リーフ

リリー

フリンジフラワー

基本のテクニック

ペーパークイリングの作品は、すべて基本形のパーツの組み合わせ。
基本のパーツの作り方や貼り合わせ方をマスターしましょう。

基本のパーツの作り方

ルーズコイル

もっともよく作る基本のパーツ。アレンジ次第でさまざまなパーツができます。

1 スロットの溝に紙の先端が飛び出さないようにはさみ、手前に巻く。

2 終わりまで巻き、親指と人差し指で押さえながらスロットを抜く。

3 指を広げながらコイルの大きさを決め、巻き終わりに少量のボンドを塗る。

4 ボンドを塗ったか所をピンセットでつまむように、はさんで貼り合わせる。

ルーズティアドロップ

ルーズコイルの変形。花びらやつぼみなど多様に使える形。

1 貼り終わりが起点(折り目)になるように反対側を持つ。

2 親指と人差し指でつまんで、鋭角になるようにつぶす。

3 しずく形になるよう整える。

ルーズリーフ

ルーズコイルの変形。葉はもちろん、花びらにもなる便利な形。

1 片側の貼り終わりが、基点(折り目)になるように両端を持つ。

2 同じ押し加減で両端をつぶす。

ルーズオーバル

ルーズコイルの変形。

写真のように持ち、折り目がつかないように押しつぶす。

ルーズドーム

ルーズコイルの変形。

1 両手の指先で写真のように持つ。

2 上段にあるルーズクレッセントほどはつぶさずに、底は平らに、外側は弧を描くように整える。

42

ルーズ クレッセント
ルーズコイルの変形。

1. 両手の指先で写真のように持つ。
2. 外側は弧を描くように人差し指を添え、内側は親指が反るようにグッと押し出す。
3. 三日月になるように指先でつまんで、しっかりつぶす。

ルーズ トライアングル
ルーズティアドロップの変形。

1. 先端（1つ目の角）が下になるように持つ。
2. 三角形になるように、右手の親指と人差し指でつまみ、二つ目の角を作る。
3. 時計回りに持ち替えて、三つ目の角も同様に作る。

ルーズスクエア
ルーズコイルの変形。

1. 両手の指先で四角を作るように持つ。
2. 親指と人差し指で、二つの角を出すように押しつぶす。
3. 時計回りに持ち替えて、2と同様に角を作って四角にする。

S ルーズ
ルーズクレッセントの変形。

両手の指先で持ち、写真の矢印のように同時に押し出す。

ルーズツリー
ルーズトライアングルの変形。

1. ティアドロップを作るように先をとがらせ、長い二辺を作る。
2. 持ち替えてつぶし、短い辺を作る。

ルーズダイヤ
ルーズスクエアの変形。

ルーズスクエアと同様に四角形を作ったあと、対角になる二つの角をつまんで引っぱる。

ルーズ キャットイヤー

ルーズコイルの変形。

1 左手で片側を持ち、右手の親指と人差し指でつまむ。

2 下側に小さい角を作る。

3 左手はそのままで、上側にも小さい角を作る。

4 二つの角同士を寄せて整える。

リップルコイル

中心を片側に寄せたルーズコイルの変形。ルーズコイル（p.42）の続き。

1 まち針などの先に少量のボンドを取り、渦巻きの片側に点々と塗る。

2 ピンセットでルーズコイルの中心と巻き終わりをつまみ、片側に寄せて貼る。

POINT
初心者さんにはこちらがおすすめ

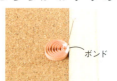
ボンド

コルクボードの縁に合わせてコイルの中心を寄せてまち針を打つ。その上にボンドを塗って固定する。

リップル ティアドロップ

リップルコイルの変形。

1 リップルコイルの下側を押え、親指と人さし指を添える。

2 つまんでつぶしながら、しずく形になるように整える。

リップルリーフ

リップルコイルの変形。葉などに使います。

1 リップルコイルの下側と上側を持ち、両端をつぶす。

2 上側を押して広げ、形を整える。

ラウンドリップル

リップルコイルの変形。渦の中心を細く作ります。

リップルコイルの下側を持ち、折り目がつかないようにつぶす。

リップル クレッセント

リップルコイルの変形。

1 リップルコイルの上側と下側を持つ。外側は弧を描くように人差し指を添え、内側は親指が反るようにグッと押し出す。

2 三日月になるように指先でつまんで、しっかりつぶす。

リップルドーム

リップルコイルの変形。2個を貼り合わせて葉などに。

リップルコイルの上側と下側を持つ。リップルクレッセントほどはつぶさずに、底は平らに、外側は弧を描くように整える。

44

ルーズスクロール

自然に渦巻きが広がった、巻き終わりを留めない形。

1 スロットの溝に紙の先端が飛び出さないようにはさむ。

2 スロットを中指の腹にのせ、手前へ巻き進める。

3 終わりまで巻いたら、親指と人さし指で押さえながらスロットを抜く。

4 親指と人さし指で広げ、巻き終わりを少し引っぱって大きさを決める。

ルーズハート

オープンハートとも呼ばれる。左右の渦をボンドで留めない形。

1 半分に折る。

2 折り目に向かって、内側に巻く。

3 両端を紙の半分の長さまで、内側に巻く。

Vスクロール

渦巻きが外側になるパーツ。

1 半分に折り、折り目に向かって外側に巻く。

2 片側ができたところ。

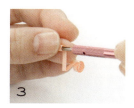

3 もう一方も同様に巻く。

Cスクロール

渦巻きが内側になるパーツ。

1 人さし指の腹に紙をのせ、スロットの持ち手を当てる。

2 持ち手を押し当てながら、自然なカーブをつける。

3 両端を紙の半分の長さまで、内側に巻く。

セイムサイドスクロール

渦巻きが同じ方向になるように巻いた形。

1 半分に折り、折り目に向かって手前に巻く。

2 もう一方も同様に手前に巻く。

3 折り目の内側にボンドを塗る。

4 貼り合わせる。

インサイド スクロール

渦巻きが内側になるように巻いた形。

1 半分に折り、中心の折り目まで内側に巻く。

2 1で巻いた渦が手前になるように持ち替える。

3 1で巻いた渦を親指で押さえ、もう一方をその手前まで巻く。

ダブル スクロール

渦巻きを二重にして巻いた形。

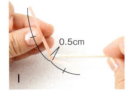

1 半分に折り、中心の0.5cmボンドを塗る。

2 中心を貼り合わせる。

3 二枚重ねて手前にカールのくせをつける。

4 カールができたところ。

5 端を0.5cmずらして貼り合わせる。

6 二枚重ねて手前に巻く。

タイトコイル

クイリングペーパーをしっかりと巻いたシンプルなパーツです。

1 スロットに紙をはさみ、きつく巻いていく。

2 終わりまで、固めにしっかり巻く。

3 固いままの状態でスロットを抜き、巻き終わりにボンドを塗って貼り合わせる。

タイトホール

穴の大きさや形は、巻きつけるものによって変わります。

1 スロットの持ち手の端(内径5mm)に、きつく巻く。

2 終わりまで、固めにしっかり巻く。

3 巻き終わりにボンドを塗り、貼り合わせる。

4 スロットから抜く。

タイトホール ティアドロップ

センターホールの変形。

センターホールの貼り終わりをつまんでつぶし、涙形に整える。

グレープロール

タイトコイルの中心を押し出して立体的にした形。

凸側　　凹側

1. タイトホールを作り、中心を親指で押し出す。

2. 形が元に戻らないように、綿棒などでボンドを表面に塗る。

4プリーツ

渦巻きが外側になるパーツ。

1. 紙を4等分したあと、つまようじを押し当てながらカーブをつける。

2. カーブがついたところ。

3. 端にボンドを少量塗る

4. 折り目に揃えて貼り合わせる。1ループのでき上がり。

5. 同様にボンドを塗って、残りのループを作る。

6. つまようじの丸味を利用して、カーブを出す。

7. 隣り合うループの内側にも少量のボンドを塗り、貼り合わせる。

7プリーツ

折り幅を変えて中心を高くした形。

1. クイリングペーパーと定規の端を合わせ、指定の寸法で折る。

2. 1の折り山を定規の端に合わせ、指定の寸法で折る。

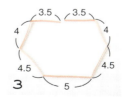

3. 2と同様にして、6か所折り目をつける。

4. 続きは4プリーツの1からと同様にする。

47

フリンジフラワー

切り込みの入れ方で表情が変わります(写真は幅13mm、長さ35cmのクイリングペーパー)。

a

1　幅の広い紙の上側3mmを残して、等間隔に切り込みを入れる。

2　切り込みのない側にスロットをはさんで巻き、巻き終わりにボンドを塗り、固定する。

3　少しずつ回しながら、親指の腹で切り込みを円形に広げて整える。

フリンジフラワー

b

1　ピンキングばさみで端のギリギリを切る。

2　等間隔に細かい切り込みを入れる。後はフリンジフラワーaの2〜と同じ。

フリンジフラワー

c

ピンキングの凸凹に切り込みを入れる。後はフリンジフラワーaの2〜と同じ。

フリンジフラワー2色

幅の異なるクイリングペーパーを使うので、中心と外側で長さが変わり、花のような形に。

1　幅の異なるクイリングペーパーを用意し、切り込みを入れる。幅広い方の右端に幅の狭い方の下端を揃えて貼る。

2　幅の狭い方の端から、下端を揃えて巻く。後はフリンジフラワーaの2〜と同じ。

フォールドローズ

幅の広いクイリングペーパー（写真は幅13mm、長さ35cm）で、折り曲げながら作ります。

1. 幅の広い紙をスロットにはさんで2、3回巻く。

2. スロットと平行になるように、紙を手前に直角に折る。

3. 2で折ったところまで、スロットを回して巻く。

4. スロットから1cmくらいの間隔をあけて、2と同様に手前に折る。

5. 3〜4をくり返す。巻き終わりの角は三角に切り落とす。

6. ボンドを塗り、スロットを抜いてから貼り合わせる。

7. 人さし指で押して下側を少しのぞかせ、立体的に整える。

スパイラルローズ

a〜c共通
ブロッサムペーパーまたはP.57〜58の型紙で作ります。

1. スパイラルローズ型のブロッサムペーパーを用意する。

2. 紙を写真のように持ち、下から中心を通してスロットを出して紙をはさむ。

3. 左側へ巻く。下側をそろえながら終わりまで巻く。

4. スロットを抜き、少し広げてから巻き終わりにボンドを塗る。

5. 側面に貼り合わせ、形を整える。

リーフ

ブロッサムペーパーまたはP.57の型紙で作ります。

1. 葉の中央につまようじを使い、くぼみをつける。

2. 付け根にボンドを塗る。

3. 指先でつまんで貼り合わせる。

4. 重なり部分を折る。折った下面にボンドを塗り、カードなどに貼る。

リリー

ブロッサムペーパーまたは
P.57の型紙で作ります。

1

ブロッサムペーパーを2枚用意する。

2

花びらにつまようじを当て、中心をくぼませて立体的に形作る。

3

中心にボンドを塗る。

4

花びら2枚が互い違いになるように貼り合わせる。

5

花びらが重なる部分にボンドを塗る。

6

隣り合う花びら同士が重ならないギリギリのところで貼り合わせる。

7

花びらの先はつまようじを使って外側に丸み（カール）をつける。

8

他の花びらも同様にする。

9

中心にボンドを塗った後、ピンセットでペップを立てるように貼りつける。

Point

ペップは、ペップ同士をつないでいる紙糸部分を切って使います。パールビーズでも代用できます。パールビーズを貼るときは穴が見えないように貼りましょう。

フリンジフラワー

ブロッサムペーパーまたは
P.58の型紙で作ります。

1

切り込みのない側にスロットをはさんで巻く。

2

巻き終わりにボンドを塗り、固定する。

3

少しずつ回しながら、親指の腹で切り込みを円形に広げて整える。

Point
フリンジフラワーを2色にする

2枚重ねる

二枚を重ねる。

切り込みのない側にスロットをはさんで端から巻く。後はフリンジフラワーの3と同様。

カールフラワー　　ブロッサムペーパーまたはP.57の型紙で作ります。

丸みをつける

a

b

f

花びらの内側に丸みをつけて、根元から立ち上がらせる。

内側にカール

c

d

e

内側に向かってカーブをつける。

POINT

カールフラワーは、パーツの組み合わせ（重ね方）次第で、いろいろな花が作れます。

◎紙に加工をプラス

花びらにしわをつける

しわ加工した花びらを重ねれば、ニュアンスのついたかわいい花になります。

1 ブロッサムペーパーを水で濡らし、たたんだタオルの上に置く。

2 花びらにスプーンを押し当ててしわをつける。

3 しわがついたところ。このまま乾かす。

トップコートで保護する

アクセサリーに使うなど耐久性が必要な場合は、ネイル用のトップコートをつけて表面を保護します。

付録の型紙の使い方

付録の型紙を写して、画用紙をカットしましょう。

1 トレーシングペーパーなどの透ける紙を付録の型紙に重ね、線をなぞる。コピーしてもOK。

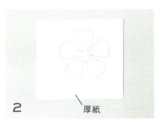

2 パーツの周りに余分をつけて切り出し、スティック糊で厚紙に貼る。

3 写した線の通りにカットする。

4 厚紙で作った型紙を、使用する紙に重ねて写す。写した線でカットする。

パーツの貼り方

きれいに仕上げるためには、ボンドは「薄く」「まんべんなく」塗りましょう。
台紙からはみ出したときは、綿棒などですぐに拭きとります。

カールフラワー

表面　裏面

裏面にしっかりボンドを塗る。

リーフ

渦にボンドを塗る。

スパイラルローズ

花に人さし指を入れて中心を押し出し、巻き始めの部分にボンドがしっかりつくように塗る。

パーツ同士を貼る①

花びら側面の付け根部分に薄く塗り、貼り合わせる。

パーツ同士を貼る②

ルーズドームの平らな面にボンドを塗り、貼り合わせる。

側面を貼る

花は接着面にボンドを塗って斜めに貼り、リーフは台紙に接する部分だけにボンドを塗って貼る。

スワロフスキー・ビーズを貼る

つけたい所にデコレーション用のボンドを少量塗り、その上にのせるように貼る。

LESSON
誕生日のサプライズBOXを作りましょう P.4

※基本のパーツの作り方はP.42～52を参照。
※ブロッサムペーパー以外の紙で作る場合は、P.57～59の型紙を使用してください。

ふたを取ると

[ボックスの紙を準備する]

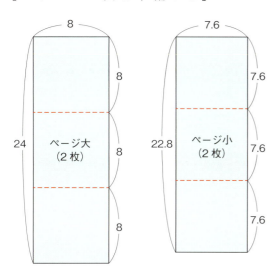

[材料]

●ボックス
・色画用紙：(ミント色) 8×24cm2枚・7.6×22.8cm2枚、15.4×15.4cm1枚
・クイリングペーパー：13mm幅(白) 35cm2本、10mm幅(ラベンダー色) 10cm1本、5mm幅(薄サーモンピンク) 10cm1本、3mm幅(薄黄緑) 12cm2本
・ブロッサムペーパー：カールフラワーb(レモンイエロー) 1枚・スパイラルローズaSサイズ(菖蒲色) 1枚

●ページの飾り
・クイリングペーパー：13mm幅(白) 35cm4本、3mm幅(薄黄緑) 8cm8本・(サーモンピンク) 10cm1本・5mm幅(白) 10cm1本・(薄紫) 10cm3本
・タイトル見出し・メッセージ欄：各4枚
・ブロッサムペーパー：カールフラワーb(薄サーモンピンク) 3枚・(牡丹色) 1枚、カールフラワーe(レモンイエロー) 3枚、スパイラルローズaSサイズ(レモンイエロー) 1枚
・パールストーン　直径3mm(ピンク) 4個

●ケーキ土台
・色画用紙：(白) 3×6cm8枚、2×4cm8枚、5×5cm1枚、7×7cm1枚

●ケーキの飾り2段目
・クイリングペーパー：10mm幅(薄サーモンピンク) 13cm1本・(ラベンダー) 10cm1本、5mm幅(白) 10本1cm・(レモンイエロー) 10cm1本・(薄紫) 10cm1本、3mm幅(サーモンピンク) 13cm1本・(薄黄緑) 8cm2本・(薄黄緑) 17cm4本
・ブロッサムペーパー：カールフラワーaSサイズ(サーモンピンク) 2枚、カールフラワーb(薄サーモンピンク) 1枚、スパイラルローズc(菖蒲色) 1枚

●ケーキの飾り1段目
・クイリングペーパー：3mm幅(サーモンピンク) 20cm1本・(白) 10cm12本・(薄黄緑) 8cm4本、10mm幅(薄サーモンピンク) 20cm1本
・ブロッサムペーパー：スパイラルローズaSサイズ(薄サーモンピンク) 2枚・(薄紫) 2枚
・パールストーン　直径3mm：(白) 12個
・タイトル見出し：1枚

1. ボックスを作る

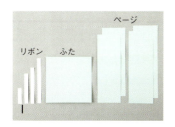

1
ボックスの材料を用意します。リボンは13mm幅のクイリングペーパーを5、10、12、15cmにカットします。

2
ふたは、上記イラストのスジの通りに折り目をつけます。角は内側につまむように折ります。

3
角の三角部分の内側にボンドを塗り、貼り合わせます。乾くまでクリップなどではさんで固定します。

4
3で貼り合わせた三角部分の片面にボンドを塗り、ふたの側面に貼りつけます。

リボン

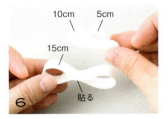

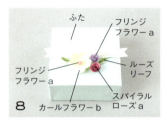

5. 白のクイリングペーパーを長さ5、10、15cmにカットします。端にそれぞれボンドを塗り、輪にします。

6. 長さ10、15cmは輪の内側の中央にボンドを塗って貼り、8の字形にします。上から5、10、15cmの順に貼ります。

7. 長さ12cmを一番下に貼り、両端は三角にカットします。

8. ラベンダーと薄サーモンピンクでフリンジフラワーaを作ります。黄緑で直径0.7cmのルーズコイル→ルーズリーフを2個作り写真のように貼ります。

ページ

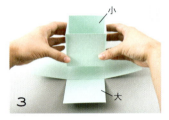

1. 大小のページにそれぞれスジの通りに折り目をつけます。

2. 同じ大きさのページをそれぞれ十字に交差させて貼ります。両面テープを使うのがおすすめです。

3. 小の底に両面テープをつけ、大の上に重ねて貼ります。

4. ページのでき上がり。

2. ページを飾る

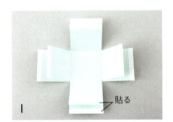

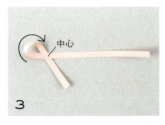
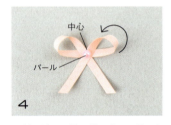

1. 13mm幅のクイリングテープの端をピンキングばさみで切り、各ページの上に貼ります。

2. 長さ10cmのサーモンピンクを半分に折ります。

3. 中心に少量のボンドをつけ、片端に輪を作ります。

4. 反対の端も同様に輪を作って貼ります。中心にパールストーンを貼ります。

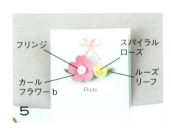
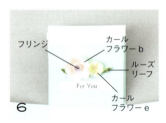

5. 5mm幅の白でフリンジフラワーaを作り、カールフラワーbの菖蒲色の中心に貼ります。薄黄緑で直径0.7cmルーズコイル→ルーズリーフを2個、スパイラルローズaを作ります。作ったパーツとタイトル見出しを貼ります。

6. 薄紫でフリンジフラワーaを作り、カールフラワーbの薄サーモンピンクの中心に貼ります。薄黄緑で直径0.7cmのルーズコイル→ルーズリーフを2個作ります。カールフラワーeは花びらの先を内側にカーブさせ、中心にパールストーンのピンクを貼ります。パーツとタイトル見出しを貼ります。残りの2ページも同様に作ります。

7. ページが4か所とも飾れました。大のページにメッセージ欄を貼ります。

3. ケーキの土台を作る

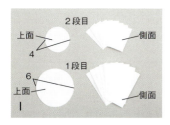
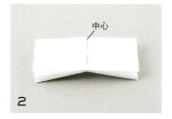

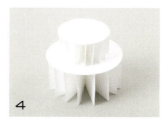

1. ケーキの土台の材料を用意します。5×5cm の紙で直径 4cm の円、7×7cm の紙で直径 6cm の円を切り抜きます。

2. 側面は、長辺を半分に折って折り目をつけておきます。同じ大きさの紙を 8 枚重ねて中心をホチキスで 2 か所とめます。

3. 側面を等間隔に開き、上面に貼ります。1 段目、2 段目とも同様に作ります。

4. 1 段目の上に 2 段目を重ねて貼ります。

4. ケーキの飾りを作る

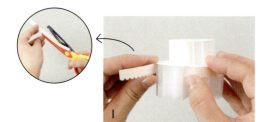

1. 薄サーモンピンクの端をピンキングばさみでカットし、ケーキの側面の上側に巻きつけて貼ります。

2. サーモンピンクを、1 の上に重ねて巻きつけて貼ります。

2 段め

3. 長さ 8cm の薄黄緑で直径 0.7cm のルーズコイル→ルーズリーフを作る。長さ 17cm の薄黄緑は直径 1.2cm のルーズコイル→ルーズドームを 2 個作って貼り合わせる。これを 2 組作る。薄紫、レモンイエロー、ラベンダーはフリンジフラワーを作る。

重ねて作る花

1. カールフラワー a は花びらが互い違いになるように重ねて貼ります。

2. 1 の内側にカールフラワー b と白で作ったフリンジフラワーを貼ります。

3. ボンドが乾いてから、根元から指で押し上げるようにして形を整えます。

1 段め

4. パーツを 2 段目に貼ります。ルーズドームの葉 1 個はケーキの面に対して斜めに貼って立体感を出します。

5. 1 段目は、白で直径 0.8cm のリップルコイル→ラウンドリップルを 12 個作り、前後に 6 個ずつ貼ります。スパイラルローズを作って貼り、その両脇に薄黄緑で直径 0.7cm のルーズコイル→ルーズリーフを作って貼ります。

6. ケーキの 1 段目のラウンドリップルの端にパールストーンを貼り、タイトル見出しをつけます。ケーキをページの中心に貼ります。サプライズ BOX のでき上がり。

Paper Quilling Scale 実物大スケール

直径がそろうときれいな仕上がりになります。
スケールに合わせてサイズ通りに形を作れるようにしましょう。

Flower Scale セパレートガイド

花びらを中心に集めて貼るときなどに、ガイドとして使います。

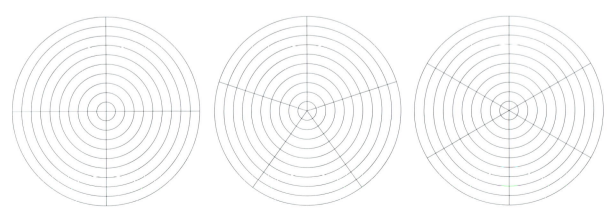

実物大型紙

※使い方はP.52を参照。

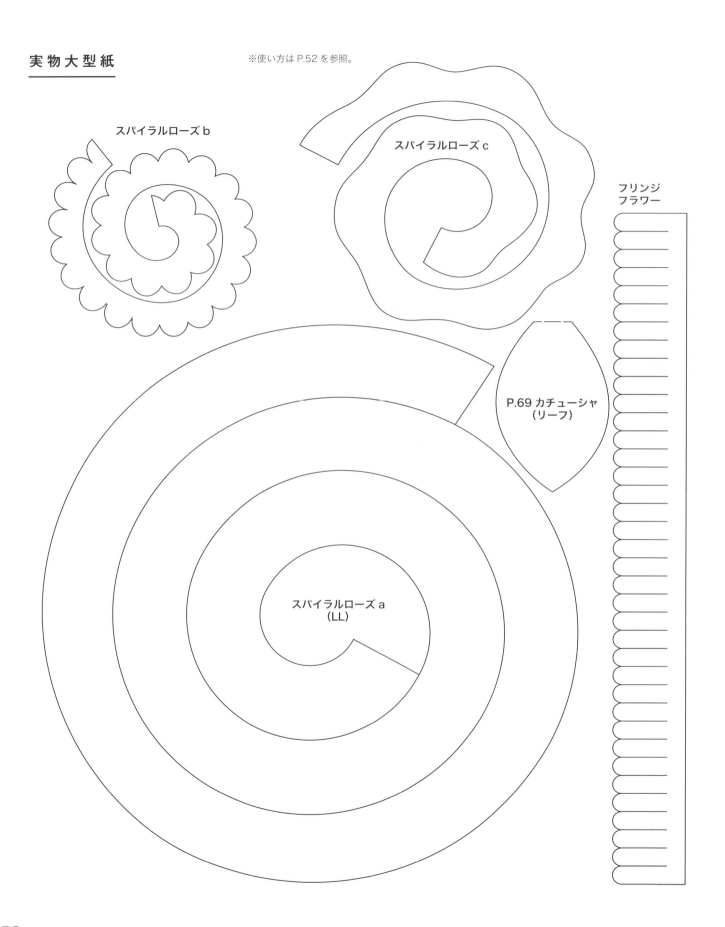

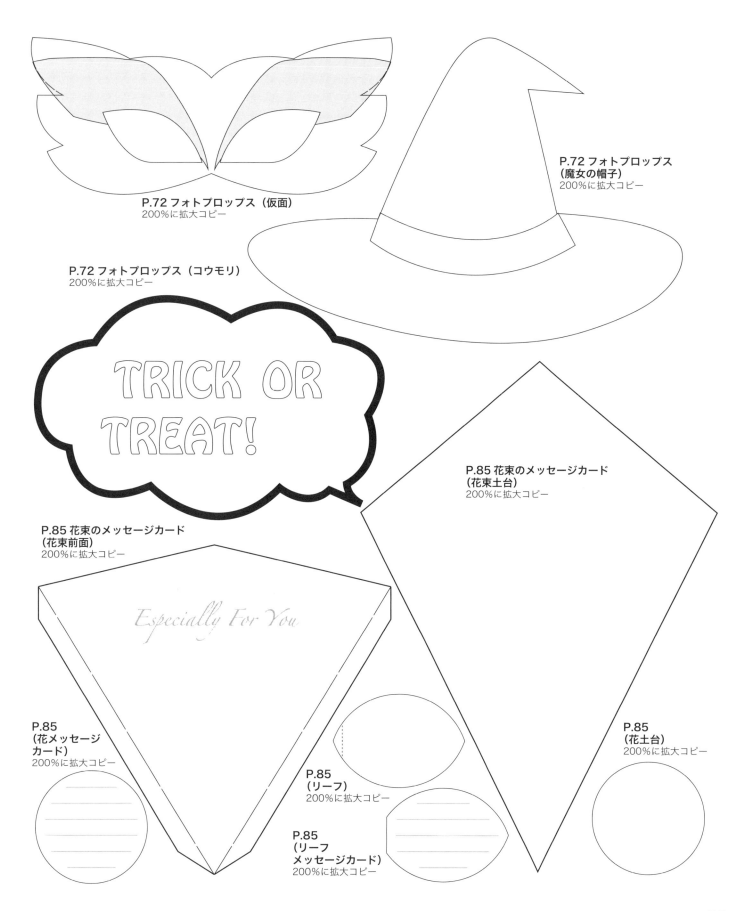

バースデーカード 〈テンプレート〉

[道具] プレゼント 中細スロット
[材料] プレゼント クイリングペーパーはすべて3mm幅を使用
カード / 画用紙15×21cm1枚（またはテンプレートを使用）
A/ クイリングペーパー：(黄緑) 2cm1本・4cm1本・6cm1本、
　画用紙：(ピンク) 2cm角1枚
B/ クイリングペーパー：(黄色) 2.5cm1本・6cm1本・8cm2本、
　折り紙：(水玉) 2.5cm角1枚
C/ クイリングペーパー：(サーモンピンク) 2cm1本・8cm2本、
　画用紙：(黄色) 2cm角
D/ クイリングペーパー：(ピンク) 8cm2本

E/ クイリングペーパー：(薄紫) 6cm7本、(薄サーモンピンク) 4cm7本
[道具] カップケーキ 中細スロット、ピンキングばさみ
[材料] カップケーキ クイリングペーパーはすべて3mm幅を使用
カード / 画用紙12.5×18cm1枚（またはテンプレートを使用）
A/ クイリングペーパー：(ピンク) 8cm2本
B/ クイリングペーパー：(薄茶色) 8cm7本
C/ クイリングペーパー：(黄色)(薄紫) 各4cm2本・
　(薄サーモンピンク) 4cm1本
D/ 画用紙：(薄黄色) 5×2.5cm1枚
E/ クイリングペーパー：(薄紫) 6cm4本、(薄サーモンピンク) 4cm4本

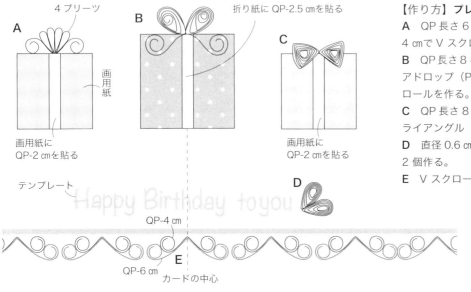

【作り方】プレゼント
A QP長さ6cmで4プリーツ（P.47）を作る。QP長さ4cmでVスクロール（P.45）を作る。
B QP長さ8cmで直径0.7cmのルーズコイル→ルーズティアドロップ（P.42）を2個作る。QP長さ6cmでVスクロールを作る。
C QP長さ8cmで直径0.7cmのルーズコイル→ルーズトライアングル（P.43）を2個作る。
D 直径0.6cmのルーズコイル→ルーズティアドロップを2個作る。
E Vスクロール（P.45）を作り、山を重ねて貼る。

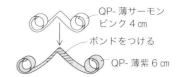

【作り方】カップケーキ
A 直径0.6cmのルーズコイル→ルーズティアドロップ（P.42）を2個作る。
B QP長さ8cmでルーズハート（P.45）を7個作る。
C QP長さ4cmでタイトコイル（P.46）を5個作る。
D 画用紙の長辺1辺をピンキングばさみでカットし、両脇を下図のようにカットする。
E Vスクロール（P.45）を作り、山を重ねて貼る。

Dの作り方

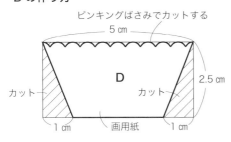

マンスリーステッカー 〔テンプレート〕

P.7

[道具] 共通 太スロット（ビギナー用）
[材料] 共通 ステッカー／A4光沢ラベルステッカー紙（テンプレートをプリントアウトして使用）
A クローバー／クイリングペーパー 3mm幅：（緑）（黄色）各 8cm 4本、（黄緑）5cm 8本・4cm 2本、半球パール 3mm：（緑）2個
B 気球／クイリングペーパー 3mm幅：（薄黄色）25cm 2本・1.5cm 4本・8cm 2本、（濃青）（濃空色）（ピンク）（菖蒲色）各 17cm 1本
C ハート／クイリングペーパー 3mm幅：㋐（濃ピンク）（薄黄色）各 8cm 2本、㋑（ラベンダー色）（山吹色）各 4cm 2本、㋒（濃ピンク）（薄黄色）各 7cm 2本、半球パール 3mm：（ピンク）（黄色）各 1個
D 花／クイリングペーパー 3mm幅：（薄ピンク）10cm 4本、（ラベンダー色）（菖蒲色）（薄黄色）（空色）各 10cm 2本、半球パール 3mm：（白）2個

【作り方】

A　QP 長さ 8cm で直径 0.5cm のルーズコイル→ルーズティアドロップ（P.42）を各色 4個ずつ、合計 8個作る。先端の側面に QP 長さ 5cm を貼って 2周巻く。QP 長さ 4cm は片側のみ軽くスクロールして貼る。

B　QP 長さ 25cm で直径 1.3cm のルーズコイル→ルーズリーフ（P.42）を作る。QP 長さ 17cm で直径 1.1cm のルーズコイル→ルーズクレッセント（P.43）を各色作る。QP 長さ 8cm で直径 0.6cm のルーズコイル→ルーズスクエア（P.43）を 2個作る。QP 長さ 1.5cm でつなぐ。

C　㋐QP 長さ 8cm を直径 0.6cm のルーズコイル→ルーズティアドロップ（P.42）にする。㋑QP 長さ 4cm はルーズスクロール（P.45）にして㋐の側面に貼る。㋒QP 長さ 7cm を㋐の先端から 1周巻く。ハート型に貼り合わせる。

D　直径 0.7cm のルーズコイル→ルーズティアドロップ（P.42）を各色 2個作る。先端の側面にボンドをつけて、セパレートガイド（P.56）の上に置いて側面を貼り合わせる。

> **Point**
> 半球パールはすべて最後に貼ります。

〔実物大〕 **A クローバー**

〔実物大〕 **B 気球**

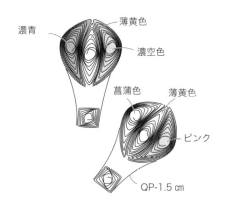

〔実物大〕 **C ハート**

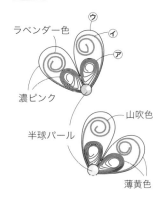

〔実物大〕 **D 花**

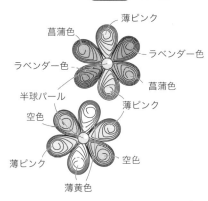

ウェルカムボード　テンプレート

P.8

[道具] 中細スロット、着彩用の筆
[材料]　A／クイリングペーパー 3mm幅：（サーモンピンク）（赤）各 29cm 5本・各 35cm 15本、クイリングペーパー 13mm幅：（サーモンピンク）（赤）各 5cm 1本・（黄色）2cm 2本
B／クイリングペーパー 3mm幅：（深緑）35cm 22本
C／クイリングペーパー 3mm幅：（白）35cm 93本、絵の具：（黄色）適宜
D／クイリングペーパー 3mm幅：（深緑）35cm 32本
E／クイリングペーパー 3mm幅：（ベビーグリーン）17cm 42本
F／クイリングペーパー 3mm幅：（ベビーグリーン）12cm 20本・5cm 4本
G／クイリングペーパー 3mm幅：（ベビーグリーン）9cm 20本・5cm 8本
その他／半球パール 4mm（白）8個、フレーム（太子サイズ）と台紙1組

A ハイビスカス

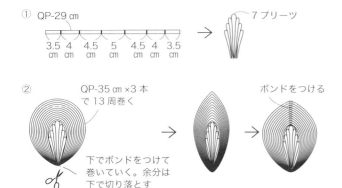

【作り方】

A ハイビスカス　①QP 長さ 29cm を図のように折り目をつけ、7プリーツ（P.47）を各色 5個作る。② 長さ 35cm の端を①の下にとめ、1周めは①にきつくぴったり巻き、続けて途中きりの良い所で QP をカットしながら 12周はリップルコイル状に巻く。リーフ型に上下をつぶし、折り目部分にボンドをつけてとめる。これを各色 5個作り、立体的に貼り合わせる（P.66 リリーの貼り合わせ方参照）。③QP 長さ 5cm に長さ 2cm をつなげてフリンジに切る。2cm 側から巻き、ピンセットで中心を引き出して②の中央に差し込んで貼る。

B ハイビスカスのリーフ　①QP 長さ 35cm を 2本つなぎ、直径 2.8cm のリップルコイル→リップルリーフ（P.44）を 1個作る。②QP 長さ 35cm を 2本つなぎ、直径 3cm のリップルコイル→リップルクレセント（P.44）を 2個作る。③ ①の側面に②を貼り合わせる。これを 3個作る。④QP 長さ 35cm でセイムサイドスクロール（P.45）を 4本作る。

C プルメリア　QP35cm をタイトコイル（P.46）にし、2本めからは端を突き合わせてつなぎ、手で巻いて、QP6 本分を巻いたグレープロール（P.47）を作る。これを 5個作る。上下をつぶしてリーフ型にし、絵の具で花芯側から中央くらいまで塗る。花の中央が空かないように 5枚を重ねて貼る。QP 長さ 35cm でタイトコイル（P.46）を作って黄色に塗り、中央の裏に貼る。これを 3組作る。

D プルメリアのリーフ　QP 長さ 35cm を 3本つないで直径 3.6cm のルーズコイル→ルーズドーム（P.42）を 2個作る。直線側を貼り合わせる。これを 5組作る。残りの QP2 本はインサイドスクロール（P.46）を作る。

E キルトリーフ 6　直径 1.2cm のルーズコイル→細目のルーズリーフ（P.42）6個と、タイトコイル（P.46）1個を作る。図のように貼る。これを 6組作る。

F キルトリーフ 4　QP 長さ 12cm で直径 0.8cm のルーズコイル→ルーズリーフ（P.42）を 4個と、タイトコイル 1個、QP 長さ 5cm でルーズスクロール（P.45）を 1個作る。図のように貼る。これを 4組作る。

G フラワーモチーフ　QP 長さ 9cm で直径 0.6cm のルーズコイル→ルーズティアドロップ（P.42）を 5個と、QP 長さ 5cm でスクロールを 2個作る。図のように貼る。これを 4組作る。

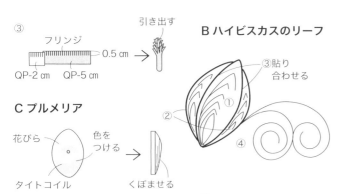

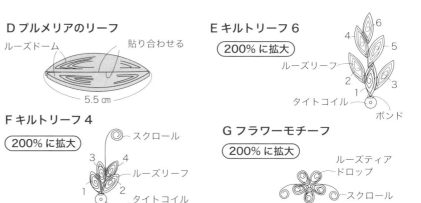

サンクスボード テンプレート

P.9（実物大型紙：P.57、58）

[道具] 中細スロット
[材料] ★はブロッサムペーパーを使用するか、または画用紙にP.57の型紙を写して切る
A／★リリー：(山吹色) 4枚、ペップ4本
B／★カールフラワーa(S)：(赤) 4枚、★カールフラワーb：(白) 2枚、★カールフラワーe：(赤) 2枚、ラインストーン4mm：(赤) 6個
C／★スパイラルローズa(S)：(黄色) 2枚、クイリングペーパー3mm幅：(白) 35cm 10本
D／クイリングペーパー3mm幅：(深緑) 30cm 8本・4cm 2本
E／クイリングペーパー3mm幅：(黄緑) 8cm 12本・4cm 4本
F／★スパイラルローズb：(山吹色) 1枚
G／クイリングペーパー3mm幅：(黄緑) 17cm 4本
その他／リボン25mm幅20cm、フレーム(インチサイズ)、台紙(20.2×25.3cm) 1枚、画用紙：ハガキサイズ1枚(テンプレートをプリントアウトして使用)

【作り方】

A リリーを2組作る(P.50)。中心にペップを貼る。
B カールフラワーa(S) 2枚を花びらが重ならないように貼り、その中にカールフラワーb→カールフラワーeと順に貼る。中心にラインストーンを3個貼る。これを2組作る。
C QPで直径1.5cmのリップルコイル→リップルリーフ(P.44)を5個作る。セパレートガイド(P.56)を使い花にする。スパイラルローズa(S)(P.49)を作り、花の中心に貼る。これを2組作る。
D QP長さ30cmで直径1.6cmのリップルコイル→リップルドーム(P.43)を2個作り、直線部分を貼り合わせる。これを4組作る。そのうち2組は4cmをルーズスクロール(P.45)にして側面に貼る。
E QP長さ8cmで直径0.7cmのルーズコイル→ルーズティアドロップ(P.42)を4個作る。QP長さ4cmを軸にし、ルーズティアドロップを4個貼る。これを3組作る。
F スパイラルローズb(P.49)を1個作る。
G QPをそれぞれスロットの持ち手側で巻く。

貼り付け方のPoint

ブーケは台紙の右側に、上下と右側に同じくらいの余白をつけて配置しましょう。
Gの茎は下に向かって放射状に貼り、茎の上にリボンを乗せて貼ります。

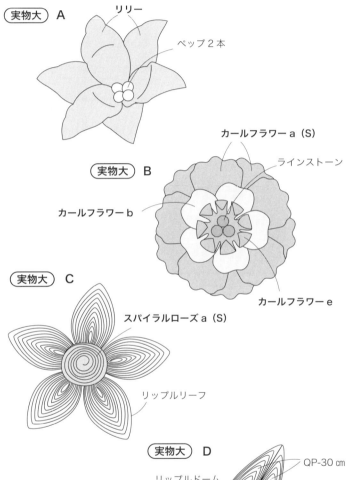

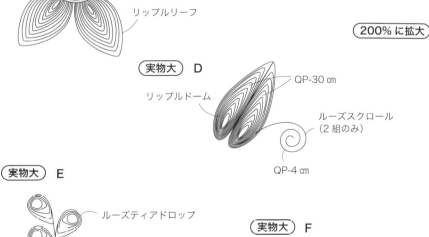

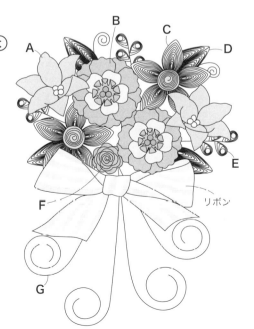

席次表＆ナプキンホルダー テンプレート

P.10（実物大型紙：P.57）

[道具] 共通　太スロット（ビギナー用）、スプーン、タオル
[材料] 共通　帯紙用の紙 A4サイズ 1枚
（テンプレートをプリントアウトして使用）
[材料] ナプキンホルダー
★はブロッサムペーパーを使用、または画用紙にP.57の型紙を写して切る
A／★カールフラワーa（M）：（サーモンピンク）3枚・（白）2枚
　　★カールフラワーa（S）：（サーモンピンク）（白）各2枚
B／クイリングペーパー3mm幅：（黄緑）35cm 2本
C／クイリングペーパー3mm幅：（白）17cm 2本・8cm 1本

[材料] 席次表ホルダー
★はブロッサムペーパーを使用、または画用紙にP.57の型紙を写して切る
A／★カールフラワーa（M）：（サーモンピンク）2枚、
　　★カールフラワーa（S）：（白）2枚、
　　★カールフラワーb：（サーモンピンク）2枚、
B／クイリングペーパー3mm幅：（黄緑）35cm 1本
C／クイリングペーパー3mm幅：（白）17cm 1本・8cm 1本・6cm 1本

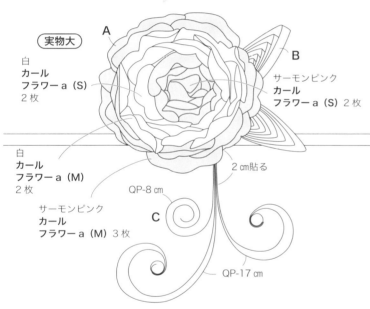

<ナプキンホルダー>
【作り方】
A　カールフラワーを水に濡らしてしわをつける（P.51）。乾ききる前に花びらが重ならないようにサーモンピンク（M）3枚→白（M）2枚→白（S）2枚→サーモンピンク（S）2枚の順に貼り合わせる。
B　直径1.8cmのリップルコイル→リップルリーフ（P.44）を2個作り、V字に貼り合わせ、Aの側面に貼る。
C　QP長さ17cmでダブルスクロール（P.46）を2個、QP長さ8cmでルーズスクロール（P.45）を1個作る。ダブルスクロールを左右に開くように合わせて折り山から2cmを貼り合わせ、側面にスクロールを貼る。これをBの側面に貼る。

<席次表ホルダー>
【作り方】
A　カールフラワーを水に濡らしてしわをつける（P.51）。乾ききる前に花びらが重ならないようにサーモンピンクのカールフラワーa（M）2枚→白のカールフラワーa（S）2枚→サーモンピンクのカールフラワーbを2枚の順に貼り合わせる。
B　直径1.8cmのリップルコイル→リップルリーフ（P.44）を作り、Aの側面に貼る。
C　QP長さ17cmと8cmでダブルスクロール（P.46）、QP長さ6cmでルーズスクロール（P.45）を作る。ダブルスクロールを左右に開くように合わせて折り山から2cmを貼り合わせ、側面にスクロールを貼る。これをAの側面に貼る。

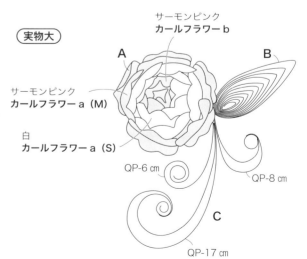

イニシャルフラワー　テンプレート

P.11（実物大型紙：P.57、58）

[道具] 太スロット（ビギナー用）、カッター、貼って剥がせるのり
[材料] 花と葉／ブロッサムペーパー：(白)(薄サーモンピンク)(濃空色)(青) 各1セット　※または、各色の画用紙B4サイズを用意し、下記の表を参照して

必要枚数を写して切る、ペップ16本、半球パール3mm：(黄色)56個・(青)19個、半球パール4mm：(白)8個
イニシャル土台／スチレンボードA4サイズ2枚、印刷用紙A4サイズ

Y・Aに必要な枚数

型紙		白	薄サーモン	濃空色	青
①	リリー	6枚	8枚		
②	スパイラルローズ a(M)			3枚	3枚
	〃　　a(S)			2枚	3枚
	〃　　b	4枚	4枚		
	〃　　c	3枚	4枚		
③・④	カールフラワー a(M)	8枚	8枚		
	〃　　b			7枚	7枚
	〃　　c	8枚	8枚		
	〃　　d(S)	7枚	7枚		
⑤	〃　　e			2枚	3枚
⑥	フリンジフラワー			12枚	12枚
⑦	リーフ (S)(M)(L)	各2枚	各2枚	各2枚	各2枚

※リーフは4色それぞれ各サイズ2枚ずつ、計24枚

イニシャルの土台
【作り方】
1. A～Zまでのイニシャルをダウンロードして、作りたい文字のテンプレートを印刷する。
2. 印刷面に剥がせるのりをつけてスチレンボードに貼り、イニシャルの形にカッターで切り抜く。テンプレートは剥がしておく。

貼り付け方のPoint
- 同じ色の花が隣同士にならないようにする。
- イニシャルの土台からあまりはみ出さないように貼る。
- リリーは少し傾けて貼る。
- リーフは立たせて貼る。

①リリー（P.50）

ペップ2本
2枚重ねる
白3個、薄サーモンピンク4個作る

②スパイラルローズ（P.49）

a (M)(S)

b
c

③カールフラワー a(M)・c（P.51）
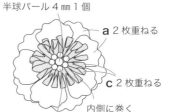
半球パール4mm 1個
a 2枚重ねる
c 2枚重ねる
内側に巻く
半球パール3mm 7個

a 白、c 薄サーモンピンクの組み合わせと、色を入れ替えた組み合わせを各4個作る

④カールフラワー b・d(S)（P.51）

b
内側に巻く
d
半球パール3mm（青）

b 濃空色、d 白の組み合わせと、b 青、d 薄サーモンピンクの組み合わせを各7個作る

⑤カールフラワー e（P.51）

内側に巻く
半球パール3mm（青）

⑥フリンジフラワー（P.50）

中心側　1枚

外側　2枚
↓

3枚つなげて中心側から巻く
中心側と外側の色を入れ替えて各4個作る

⑦リーフ（P.49）
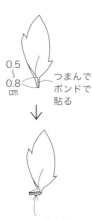
0.5～0.8cm
つまんでボンドで貼る
↓
つまんだところを折り曲げた下にボンドをつけ、立たせて貼る

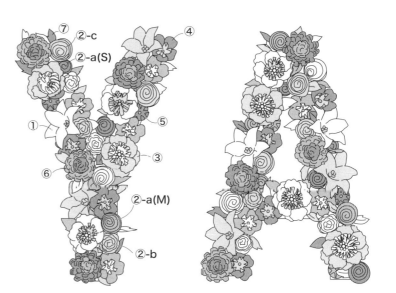
⑦　②-c　②-a(S)　①　⑤　③　⑥　②-a(M)　②-b　④

お正月飾り

p.12（実物大型紙：p.57、58）

[道具] 中細スロット、ピンキングばさみ
[材料]　A／クイリングペーパー 3mm幅：（ラベンダー色）12cm 8本・17cm 19本・25cm 12本・35cm 6本、クイリングペーパー 13mm幅：（紫）12cm 1本、画用紙：（紫）直径 4cmの円 1枚、ペップ（黄色）2本
B／クイリングペーパー 13mm幅：（レモンイエロー）35cm 1本、画用紙 35×4cm：（山吹色）フリンジフラワー 4枚
20mm幅：（山吹色）35cm 2本
C／クイリングペーパー 3mm幅：（山吹色）（白）各 12cm 15本、水引：（白）10cm・17cm 各 1本
D／クイリングペーパー 3mm幅：（ベビーピンク）35cm 20本、ペップ（黒）6本
E／画用紙 17×6cm：（牡丹色）カールフラワー a（S）3枚
F／クイリングペーパー 3mm幅：（深緑）35cm 9本
リース土台／水引：（赤）（白）各 90cm 30本、ワイヤー 10cm 3本

リースの土台

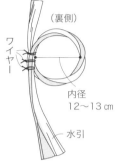

A のリップルコイル

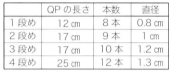

	QPの長さ	本数	直径
1段め	12 cm	8本	0.8 cm
2段め	17 cm	9本	1 cm
3段め	17 cm	10本	1.2 cm
4段め	25 cm	12本	1.3 cm

※すべて QP3mm幅（ラベンダー色）

D リリーの貼り合わせ方

F リーフ

【作り方】

リースの土台　水引白と赤をねじりながら輪を作り、ワイヤー 3本で固定する。

A 紫の花　表を参照し、4段分のリップルコイル（P.44）を本数分作る。直径 4cmの画用紙の端に沿って、4段めのリップルコイルを少しラウンド型（P.44）にして間が空かないように円形に並べて貼る。QP長さ 35cm 6本をつなげてタイトコイル（P.46）を作り、4段めの中心に貼る。3段め〜1段めまで 4段めと同様に円形に貼る。QP13mm幅でフリンジフラワー b（P.48）を作って 1段目の中心に貼り、さらにペップを中心に入れて貼る。

B 山吹色の花　QPレモンイエローの端をピンキングばさみで切り落とし、フリンジにする。フリンジフラワーは最初の 20cmは細かく切り込みを入れる。フリンジフラワー 2枚に QPレモンイエローをつなげて貼る。レモンイエロー側から巻き、裏の直径を 2.2cmにする。

C つぼみ　QP山吹色と白は直径 0.8cmのリップルコイル（P.44）を各 15個作る。ラウンドリップル型にして、3個 1組で水引に立体的に貼る。

D リリー　QPベビーピンクで直径 1.8cmのルーズコイル→ルーズドーム（P.42）を 2個作り、直線部分を貼り合わせる。これを 5組作る。立体的に貼り合わせ、中心に長めに切ったペップを差し込む。これを 2個作る。

E 牡丹色の花　カールフラワー aの花びらに切り込みを入れて 3枚を貼り合わせ、立体的にする（P.51）。

F リーフ　直径 2.2cmのリップルコイル→リップルリーフ（P.44）を 9個作る。そのうち 3個はV字に貼り合わせ、間にもう 1枚を貼って 1組にする。

> **貼り付け方のPoint**
> パーツをリース土台に貼るときはボンドをたっぷりつけて貼りましょう。グルーガンでもOK。

髪飾り
P.12

[道具] 共通　中細スロット、ピンキングばさみ、グルーガンまたはデコレーション用ボンド
[材料] 共通　ヘアピン台1個、クイリングペーパーの色に合わせた画用紙：直径1.8cmの円1枚、ネイル用トップコート
[材料] 髪飾り① A／クイリングペーパー3mm幅：(白) 17cm 9本、B／クイリングペーパー3mm幅：(白) 12cm 8本、C／クイリングペーパー5mm幅：(薄サーモンピンク) 17cm 1本・(レモンイエロー) 10cm 1本
[材料] 髪飾り② A／クイリングペーパー5mm幅：(ベビーピンク) 5cm 1本・(赤) 10cm 1本、B／クイリングペーパー3mm幅：(濃ピンク) 12cm 8本
[作り方共通] パーツができたらトップコートを塗り、グルーガンまたはデコレーション用ボンドでヘアピン台につける。

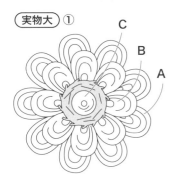
実物大 ①

髪飾り①【作り方】
A　直径1cmのリップルコイル(P.44)を9個作り、少しラウンド型につぶして画用紙の縁に沿って貼る。
B　直径0.8cmのリップルコイルを少しラウンド型につぶして8個作る。Aの上に中心を直径0.8cmあけ、円形に並べて貼る。
C　QP薄サーモンピンクでタイトコイル(P.46)を作り、その周りにフリンジフラワーb(P.48)のようにに切ったQPレモンイエローを巻く。Bの中心に入れて貼る。

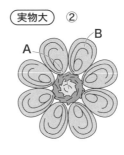
実物大 ②

髪飾り②【作り方】
A　QPベビーピンクと赤をつなげて貼り、フリンジに切ってベビーピンク側から巻く。裏の直径が0.7cmにする。
B　直径0.8cmのリップルコイル(P.44)を8個作り、少しラウンド型につぶしてAの周りに貼り、画用紙に貼る。

お年賀用ののし紙＆ぽち袋
P.13

[道具] 共通　中細スロット
[材料] のし紙
A／クイリングペーパー3mm幅：(黄色) 8cm 2本・(白)(赤) 35cm各1本
B／クイリングペーパー3mm幅：(緑) 8cm 4本、C／千代紙：5×3cm 1枚
[材料] ぽち袋（鏡餅）
A／クイリングペーパー3mm幅：(白) 12cm 1本・25cm 1本、B／クイリングペーパー3mm幅：(緑) 8cm 2本、C／クイリングペーパー3mm幅：(山吹色) 8cm 1本、D／クイリングペーパー3mm幅：(薄茶色) 2.5cm 1本、画用紙：(薄茶色) 1.5cm角1枚、画用紙1枚、E／水引：(赤) 7cm 1本、その他／ぽち袋1枚
[材料] ぽち袋（羽子板と羽根）
A／クイリングペーパー3mm幅：(オレンジ色)(黒) 各8cm 2本・(赤)(黄色)(ピンク)(紫) 各8cm 1本、B／千代紙：5cm角1枚、C／水引：(赤) 7cm 1本、その他／ぽち袋1枚

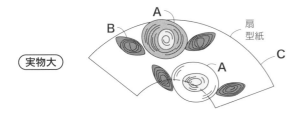
実物大

【作り方】のし紙飾り
A　QP黄色と赤をつなげて貼る。黄色側から巻き、直径1.1cmのルーズコイル→ルーズオーバル(P.43)を作る。QP黄色と白も同様に作る。
B　直径0.6cmのルーズコイル(P.42)を4個作る。
C　千代紙を扇の型紙に合わせて切り、のし紙に貼る。

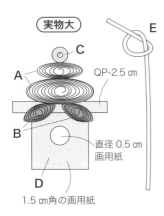
実物大

【作り方】ぽち袋（鏡餅）
A　QP長さ12cmで直径0.8cmのルーズコイル→ルーズオーバル(P.43)、QP長さ25cmで直径1.2cmのルーズコイル→ルーズオーバルを作る。
B　直径0.6cmのルーズコイル→ルーズリーフ(P.42)を2個作る。
C　タイトコイル(P.46)を作る。
D　画用紙とQPを図のように切り、ぽち袋に貼る。
E　水引を軽く結び、ぽち袋に貼る。

【作り方】ぽち袋（羽子板と羽根）
A　QPピンクと赤で直径0.6cmのルーズコイル→ルーズリーフ(P.42)を作る。QPオレンジ色、黄色、紫で直径0.6cmのルーズコイル→ルーズクレッセント(P.43)を作る。QP黒でタイトコイル(P.46)を2個作る。
B　千代紙を羽子板の型紙で切る。
C　水引を軽く結び、ぽち袋に貼る（鏡餅のE参照）。

桃の花のリース＆ラッピングフラワー

P.14（実物大型紙：P.57）

[道具] 太スロット（ビギナー用）

[材料] リース
A／ファンシーペーパー（色上質紙　厚口）A4サイズ：（コスモス色）（桃色）
　カールフラワーa（M）各20枚
B／クイリングペーパー20mm幅：（菖蒲色）（薄黄）各12.5cm 5本
C／クイリングペーパー5mm幅：（うぐいす色）（薄黄緑）各35cm 5本
リース／ボール紙：20cm角1枚、ひも20cm 2本、リボン24mm幅（黄色）50cm

[材料] ラッピング
A／ファンシーペーパー（色上質紙　厚口）7×14cm：（コスモス色）（桃色）
　カールフラワーa（M）各4枚
B／クイリングペーパー20mm幅：（菖蒲色）（薄黄）各12.5cm 1本
C／クイリングペーパー5mm幅：（うぐいす色）（薄黄緑）各35cm 1本
その他／ラッピング用の薄紙適宜、リボン適宜

【作り方】 リース

リース土台　ボール紙に直径20cmと16cmの円を描き、切り抜く。リボンを結んで結び目にひもを通し、土台に結ぶ。反対側に壁かけ用のひもを結ぶ。

A　カールフラワーa（M）（P.51）を作る。花びらが重ならないように桃色2枚を貼り、内側にコスモス色2枚を貼る。これを10個作る。
B　QPに1.5cmの切り込みを入れてフリンジを作る。フリンジの先を交互にカールさせてからQPを巻く。Aの中心に貼る。各色5個ずつ作る。
C　直径2cmのリップルコイル→リップルリーフ（P.44）を作る。各色5個作る。

【作り方】 ラッピングフラワー

「リース」のA・Bと同様に桃の花を作る。プレゼントを薄紙で包み、リボンで結ぶ。
リボンの結び目の上に桃の花を貼る。

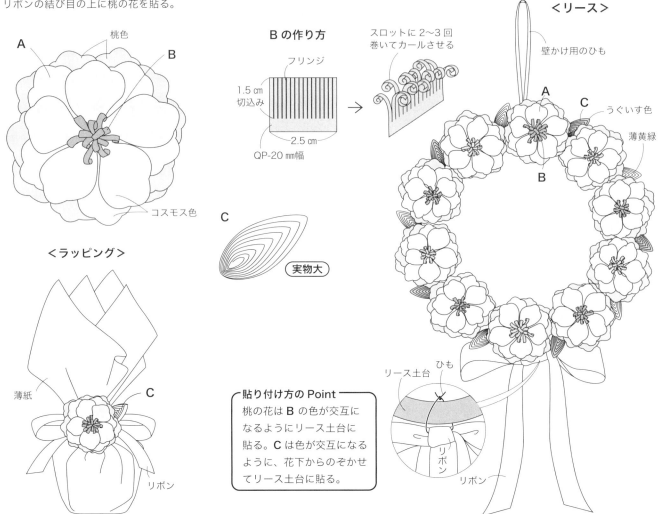

イースターカード&うさぎのカチューシャ

テンプレート　P.15（実物大型紙：P.58）

[道具] カード　中細スロット
[材料] カード　クイリングペーパーはすべて3mm幅を使用
A／クイリングペーパー：(濃ピンク) 17cm 3本、B／クイリングペーパー：(ラベンダー色) 10cm 4本、C／クイリングペーパー：(ラベンダー色) 8cm 2本、D／クイリングペーパー：(薄黄色) 5cm 6本、E／クイリングペーパー：(ベビーパープル) 10cm 4本・(ピンク) 7cm 4本、F／クイリングペーパー：(ベビーパープル) 7cm 4本・(ピンク) 4cm本、G／クイリングペーパー：(濃ピンク) 10cm 6本、ラインストーン 3mm：(ピンク) 3個、H／クイリングペーパー：(薄黄色) 5cm 3本・(ラベンダー色) 3cm 3本、I／クイリングペーパー：(ピンク) 17cm 3本・(濃ピンク) 35cm 3本、J／クイリングペーパー：(濃ピンク) 27cm 1本、画用紙：(白) 8×10cm 1枚、その他／カード 15×10.5cm (二つ折り) 1枚
[道具] カチューシャ　太スロット(ビギナー用)、グルーガンまたは強力ボンド
[材料] カチューシャ　A／モール(白) 30cm 2本、カチューシャ 1本
B／ファンシーペーパー(色上質紙) B5サイズ：(ピンク) カールフラワーa(S) 8枚、クイリングペーパー10mm幅：(白) 15cm 2本
C／ファンシーペーパー(色上質紙) B5サイズ：(薄黄色) カールフラワーa(S) 4枚・(黄色) スパイラルローズa(M) 1枚
D／ファンシーペーパー(色上質紙)：(黄緑)(薄黄緑) 各B5サイズ1枚

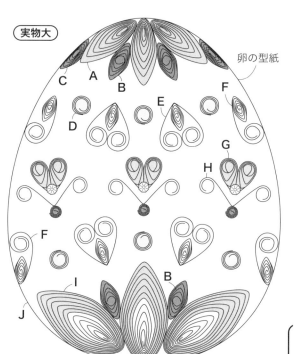

<カード>
【作り方】

A 直径1.2cmのリップルコイル→リップルリーフ (P.44) を3個作る。

B 直径0.8cmのルーズコイル→ルーズリーフ (P.42) を4個作る。

C 直径0.6cmのルーズコイル→ルーズドーム (P.43) を2個作る。

D 直径0.5cmのルーズコイル (P.42) を6個作る。

E QP長さ10cmでルーズハート (P.45) を作る。QP長さ7cmで直径0.5cmのルーズコイル→ルーズリーフを作り、ルーズハートの内側に貼る。これを4個作る。

F QP長さ7cmで直径0.5cmのルーズコイル→ルーズリーフを作る。QP長さ4cmをスクロールにし、ルーズリーフの側面に貼る。これを4個作る。

G 直径0.7cmのルーズコイル→ルーズティアドロップ (P.42) を6個作り、ハート形に貼り合わせる。

H QP長さ5cmでVスクロール (P.45) を3個作る。QP長さ3cmでタイトコイル (P.46) を作り、Vスクロールの下に貼る。

I QP長さ17cmにQP長さ35cmを貼り、直径2cmのリップルコイル→リップルリーフを作る。これを3個作る。

J 画用紙を卵形に切り抜き、カード台紙に貼る。QPをカードの卵型の線に沿って貼る。

Point
JのQPはカードの線上にボンドを塗り、QPは貼る前にしごいてカールさせておくと、きれいな卵型に貼れます。ラインストーンは最後に貼ります。

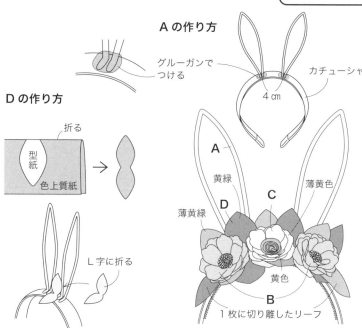

<カチューシャ>
【作り方】

A耳 モールを半分に折り、うさぎの耳の形にしてカチューシャにグルーガンでつける。

Bピンクの花 カールフラワーa (P.51) を、花びらが重ならないように4枚貼り合わせる。QPでフリンジフラワーa (P.48) を作り、花の中心に貼る。これを2組作る。

C 黄色の花 カールフラワーa4枚をBと同様に作る。スパイラルローズa (P.49) を作り、カールフラワーaの中心に貼る。

D リーフ 色上質紙の黄緑と薄黄緑をリーフの型紙で図のように各4枚切り抜く。

貼り付け方
D2枚をL字に折り、カチューシャと耳にグルーガンで貼っていく。その上にAとBを貼る。つながっているDを1枚ずつに切り離し、Bの左右に貼る。

一輪のカーネーション＆黄色のバラ

P.16（実物大型紙：P.57）

[道具] 共通　太スロット（ビギナー用）
[材料] 共通　竹串17cm 2本
[材料] カーネーション
A／画用紙15cm角：（赤）カールフラワーa（M）2枚・（S）3枚
B／画用紙4cm角：（深緑）カールフラワーd（M）1枚
C／クイリングペーパー10mm幅：（深緑）30cm 1本、
　　クイリングペーパー3mm幅：（深緑）35cm 1本
D／クイリングペーパー3mm幅：（深緑）35cm 3本

[材料] 黄色のバラ
A／画用紙20cm角：（黄色）カールフラワーf（M）（L）各2枚・（S）3枚
B／画用紙4cm角：（深緑）カールフラワーd（M）1枚
C／クイリングペーパー10mm幅：（深緑）30cm 1本、
　　クイリングペーパー3mm幅：（深緑）35cm 1本
D／クイリングペーパー3mm幅：（深緑）35cm 6本・12cm 3本

カーネーション

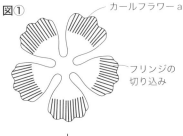

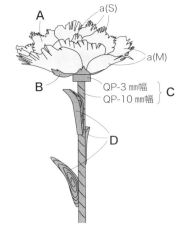

バラ

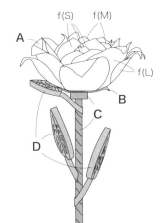

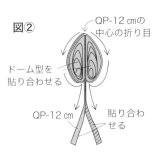

【作り方】　カーネーション

A　カールフラワーa（P.51）の縁にフリンジのように切り込みを入れる（図①）。花びらが重ならないように（M）、（S）それぞれ2枚を重ねて貼る。（M）と（S）を貼り合わせる。残った（S）の1枚は底を三角に折って、中心に貼る。
B　カールフラワーd（P.51）をAの下に貼る。
C　QP10mm幅は竹串にすき間なく巻きつけて貼る。QP3mm幅を竹串の先に巻きつけてタイトコイル（P.46）にし、Bの下に貼る。
D　直径1.8cmのルーズコイル→ルーズクレッセント（P.43）を3個作り、側面を竹串に貼る。

【作り方】　黄色のバラ

A　カールフラワーf（P.51）の（L）（M）（S）それぞれ花びらが重ならないように2枚を重ね、（L）→（M）→（S）の順で重ねて貼り合わせる。残った（S）の1枚は底を三角に折って、中央に貼る。
B・C「カーネーション」のB・Cと同様に作る。
D　QP長さ35cmで直径1.8cmのリップルコイル→リップルドーム（P.44）を2個作り、直線部分を貼り合わせる。QP長さ12cmを半分に折り、折り山をリーフの角に合わせて囲むように貼る（図②）。残りの両端は貼り合わせて茎にする。3組作り、竹串に巻き付けるように貼る。

カーネーション

バラ

> **Point**
> バラの花びらはつまようじで先端0.5～1cmを外側や内側に巻いて表情をつけます。

メッセージボード テンプレート

P.17（実物大型紙：P.58）

[道具] 太スロット（ビギナー用）
[材料]
A／画用紙 20×10cm：（赤）（サーモンピンク）フリンジフラワー各 4 枚
B／クイリングペーパー 5mm幅：㋐（薄黄緑）35cm 2 本、クイリングペーパー 10mm幅：㋑（クリーム色）20cm 2 本・㋒（オレンジ色）17cm 2 本、㋓画用紙 20×10cm：（黄色）フリンジフラワー 4 枚
C／クイリングペーパー 13mm幅：（ベビーピンク）17cm 2 本
D／クイリングペーパー 5mm幅：（黄色）8cm 4 本、クイリングペーパー 13mm幅：（白）（空色）各 17cm 2 本
E／クイリングペーパー 3mm幅：（薄黄緑）5cm 2 本・8cm 10 本
F／クイリングペーパー 3mm幅：（赤）12cm 10 本、半球パール 3mm：（白）2 個
G／クイリングペーパー 3mm幅：（薄黄緑）8cm 4 本
H／クイリングペーパー 3mm幅：（黄緑）25cm 6 本
I／クイリングペーパー 3mm幅：（黄緑）17cm 2 本
J／クイリングペーパー 3mm幅：（黄緑）12cm 4 本
その他／ペーパーフレーム（12.7×12.7cm）

【作り方】
A フリンジフラワー（型紙 P.58）の赤とサーモンピンクを同色同士つなげて貼る。2 色を重ね、裏の直径が 1.6cm になるように巻く（P.50）。これを 2 個作る。
B ㋐はタイトコイル（P.46）、㋑はフリンジに切り（P.48）、㋒はフリンジフラワー b（P.48）の要領でフリンジにする。㋐に㋑と㋒をつなげて巻く。㋓フリンジフラワー（型紙 P.58）2 枚を㋒につなげて巻く。これを 2 個作る。
C QP でフリンジフラワー a（P.48）を作り、裏の直径を 0.9cm にする。これを 2 個作る。
D 黄色と空色、黄色と白をつなげて貼り、裏の直径 0.9cm のフリンジフラワー 2 色（P.48）を作る。これを各 2 個作る。
E QP 長さ 8cm は直径 0.7cm のルーズコイル→ルーズリーフ（P.42）を作る。これを 5 個作り、QP 長さ 5cm を枝にして頂点と側面に貼る。これを 2 個作る。
F スロットの持ち手（または直径 0.5cm の棒）に巻き、タイトホール→タイトホールティアドロップ（P.47）にする。これを 5 個作って貼り、中心に半球パールをつける。これを 2 個作る。
G 直径 0.6cm のルーズコイル→ルーズリーフ（P.42）にする。これを 4 個作る。
H 直径 1.5cm のリップルコイル→リップルリーフ（P.44）を作る。これを 6 個作る。
I セイムサイドスクロール（P.45）を作る。これを 2 個作る。
J 直径 1cm のルーズコイル→ルーズドーム（P.42）を作り、直線同士を貼り合わせる。これを 2 個作る。
K ペーパーフレームの窓の縁の長さに切って、四方を囲むように貼る。

Point
H はフレームに貼るときに根元の側面にボンドをつけ、立たせるように貼る。

フォトプロップス　テンプレート

P.18（実物大型紙：P.57〜59）

[道具] 共通　太スロット（ビギナー用）
[材料] 共通　ペーパーストロー、厚紙（画用紙、板目紙など）A4適宜

[作り方] 共通　Aはひげ、Bは蝶ネクタイを図中の型紙、Cは吹き出し、Dは仮面、Eは魔女の帽子をP.59の型紙を使って厚紙を切り抜くか、テンプレートをダウンロードしてプリントし、厚紙に貼る。最後にペーパーストローを裏側からボンドでしっかりと貼る。

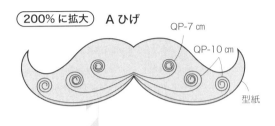

A ひげ【材料と作り方】
クイリングペーパー3mm幅：（黒）7cm 2本、10cm 4本
片側をルーズスクロール（P.45）にし、少し伸ばして貼る。

B 蝶ネクタイ【材料と作り方】
クイリングペーパー3mm幅：17cm（黒）8本、（黄色）6本
それぞれ直径1.1cmのルーズコイル（P.42）を作り、貼る。

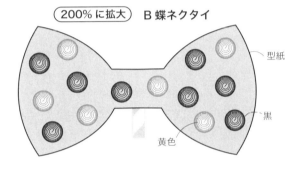

C コウモリ【材料と作り方】
クイリングペーパー3mm幅：（黒）㋐/2cm、4cm、9cm、12cm各2本・㋑/20cm、1cm各1本・㋒/17cm 1本、4cm 2本
㋐ QP長さ4cmで直径0.4cm、長さ9cmで直径0.7cm、長さ12cmで直径1.2cmのルーズコイル→ルーズトライアングル（P.43）を各2個ずつ作る。各1個ずつQP長さ2cmに沿って貼る。これを左右対称に作る。
㋑ QP長さ20cmで直径1.2cmのルーズコイル→ルーズツリー（P.43）を作る。QP長さ1cmを半分に折って、頂点に貼る。
㋒ QP長さ17cmで直径0.8cmのルーズコイル（P.42）を作り。QP長さ4cmで直径0.4cmのルーズコイル→ルーズトライアングル（P.43）を2個作って貼る。

D 仮面【材料と作り方】※作り方はP.49、51参照
スパイラルローズc：㋐/（オレンジ色）（ラベンダー色）（紫）各1枚
リーフ（M）：㋑/（オレンジ色）2枚、（ラベンダー色）（紫）各1枚
クイリングペーパー3mm幅：㋒/17cm（オレンジ色）（紫）各2本、（ラベンダー色）1本、片側を軽くカールして垂らす。

E 魔女の帽子【材料と作り方】※作り方はP.49、51参照
カールフラワーa（S）：㋐/（オレンジ色）2枚・㋒/（紫）2枚
カールフラワーc：㋐/（紫）2枚
スパイラルローズa（M）：㋑/（ラベンダー色）1枚
スパイラルローズa（S）：㋑/（オレンジ色）1枚
リーフ（L）：㋓/（オレンジ色）（紫）各2枚
クイリングペーパー3mm幅：㋔/8cm（オレンジ）（紫）各2本→少し伸ばしたルーズスクロール（P.45）にする。

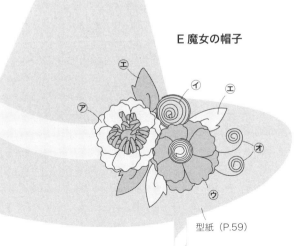

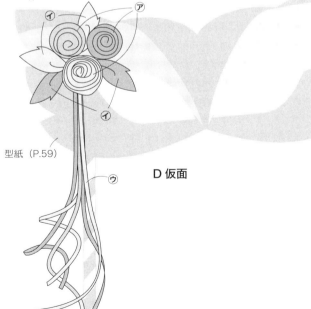

クモとミイラのペーパーバッグ 〉テンプレート〈　　　　P.19

[道具] 共通　太スロット（ビギナー用）
[材料] クモのペーパーバッグ
クイリングペーパー3mm幅：（黒）16cm 1本・8cm 1本・2cm 4本・1.5cm 2本・1cm 2本
その他の材料：縦15×横12×マチ7cmの紙袋1枚、台紙プリント用の紙1枚

[材料] ミイラのペーパーバッグ（1個分）
クイリングペーパー13mm幅：（白）35cm 2本
クイリングペーパー3mm幅：（黒）8cm 2本・（白）10cm 2本
その他の材料：縦15×横7.5×マチ3.5cmの紙袋1枚

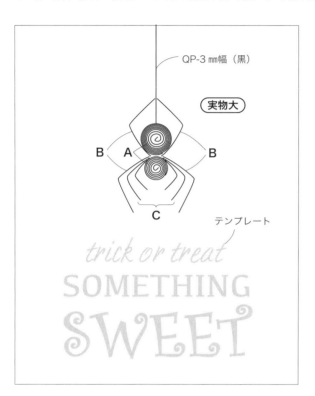

【作り方】　クモのペーパーバッグ
A　QP長さ16cmで直径0.8cm、QP長さ8cmで直径0.6cmのルーズコイル（P.42）を作り、貼る。
B　QP長さ2cmを半分に折り、Aのくぼみから上下に2本ずつ出して貼る。
C　QP長さ1.5cmを半分に折り、Bの内側に貼る。QP長さ1cmも半分に折り、1.5cmの内側に貼る。

貼り付け方のPoint
台紙の長さに合わせてQP3mm幅（黒）（材料外）でクモの糸を貼り、クモを貼る。

【作り方】　ミイラのペーパーバッグ
QP13mm幅を紙袋の幅に切り、目をつける位置を残してランダムに貼る。目はQP3mm幅の黒と白をつなげて貼り、黒側から巻いてタイトコイル（P.46）を作る。これを2個作り、紙袋に貼る。

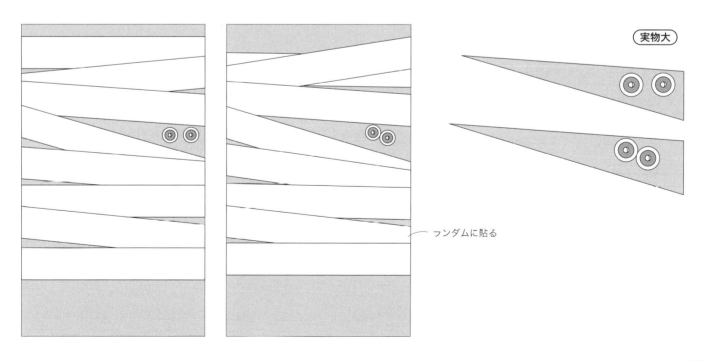

クリスマスのサプライズBOX 〈テンプレート〉

P.20

[道具] 共通　中細スロット
[作り方] 共通　ラインストーン、半球パールがある場合は、最後に貼る
[材料] A BOX　■画用紙：(白) 8×24cm・7.6×22.8cm 各2枚、15.4×15.4cm 1枚　■クイリングペーパー13mm幅：(ワインレッド) 35cm 3本　■クイリングペーパー3mm幅：(赤)(黒)各7.6cm 2本　■その他の材料：タイトルバナー、メッセージ欄印刷用B5サイズ用紙1枚
[材料] B リース　■クイリングペーパー3mm幅：4cm ㋐(白)(ラベンダー)各3本・㋑(緑) 3本　■画用紙：㋒3.5cm角(ワインレッド) 1枚　■その他の材料：㋓ラインストーン3mm(クリスタル) 1個・半球パール3mm(赤) 6個
[材料] C プレゼント　■クイリングペーパー3mm幅：(黄色) 2.5cm 1本・6cm 1本・8cm 2本　■その他の材料：折り紙2.5cm角(水玉) 1枚
[材料] D ブーケ　■クイリングペーパー10mm幅：㋐(オレンジ色)(ワインレッド)各15cm 1本・㋑(紫)10cm 1本　■クイリングペーパー3mm幅：(緑) ㋒12cm 3本・㋓10cm 1本
[材料] E 雪だるま　■クイリングペーパー3mm幅：㋐(白) 35cm 6本・㋑(赤) 35cm 1本・1.5cm 1本・㋒(黄色) 4cm 1本・㋓(黒) 2.5cm 2本　■その他の材料：半球パール3mm(黄緑) 2個、2mm(黒) 2個
[材料] F ツリー　■クイリングペーパー5mm幅：(緑) ㋐17cm 4本・㋑22cm 4本・㋒35cm 4本　■クイリングペーパー3mm幅：㋓(黄色)10cm 5本・㋔(ワインレッド)(オレンジ色)(ピンク)(紫) 各8cm 4本　■その他の材料：ラインストーン3mm(クリスタル、ピンクなど) 10個

【作り方】

A BOX　ボックスを作る(P.53)。ページ小の4面にQP3mm幅(赤)(黒)を貼り、タイトルバナーを貼る。ふたにQP13mm幅をクロスさせて貼り、側面より1cm長く切り、ふたの内側に折り込んで貼る。QP13mm幅でリボン(P.54)を作り、ふたに貼る。

B リース　㋐画用紙を図に合わせてドーナツ型に切る。㋑QP白とラベンダー色はルーズスクロール(P.45)を作り、㋐に2色を交互に貼る。㋒QP緑で直径0.5cmのルーズコイル→ルーズティアドロップ(P.42)を2個作り、もう1本はVスクロール(P.45)を作る。

C プレゼント　P.60 バースデーカード ＜プレゼント＞ B参照。

D ブーケ　㋐QPオレンジ色とワインレッドでフォールドローズ(P.49)を作る。㋑QP紫でフリンジフラワーa(P.48)を作る。㋒QP緑長さ12cmで直径1cmのルーズコイル→ルーズリーフ(P.42)を3個作る。㋓QP緑長さ10cmを半分に折り、セイムサイドスクロール(P.45)を作る。

E 雪だるま　㋐顔はQP白でタイトコイル(P.46)にし、2本めは突き合わせてつないで手で巻く。胴体は顔と同様に4本を巻く。㋑QP赤長さ35cmで直径1.1cmのルーズコイル→ルーズスクエア(P.43)を作る。QP長さ1.5cmを下側に貼る。㋒タイトコイル(P.46)をティアドロップ型にし、細い方を立てて貼る。㋓QPを半分に折り両先端3mmを残して貼り合わせ、両先端はV字に折る。

F ツリー　㋐㋑㋒図の折り目位置を参照し、4プリーツ(P.47)の要領でひだを作る。これを各4個作る。㋐、㋑、㋒それぞれ2個を貼り合わせる(図①)。下から㋒→㋑→㋐の順につなぐ(図②)。残りの㋐㋑㋒を先に貼った㋐㋑㋒に対して垂直に貼り付ける(図③)。㋓直径0.6cmのルーズコイル→ルーズダイヤ(P.43)を5個作り、星型に貼り合わせる。㋔直径0.8cmのリップルコイル(P.44)を作りツリーに貼る。ラインストーンを貼る。㋒の底側にボンドを塗り、BOXに貼る。

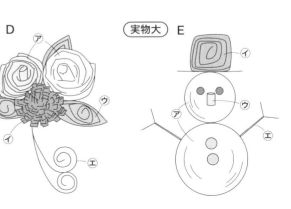

雪の結晶のオーナメント

P.21

[道具] 共通　太スロット（ビギナー用）
[材料] 共通　ラインストーン（クリスタル）8mm 6個、3mm 36個・糸またはテグス20cm 3本
[材料] A　クイリングペーパー13mm幅：㋐（ライトオレンジ）8cm 6本・㋑（白）8cm 6本・㋒（ライトイエロー）4cm 6本・㋓（白）12cm 6本
[材料] B　クイリングペーパー1mm幅：㋐（白）12cm 6本・㋑（ライトオレンジ）10cm 6本・㋒（ライトイエロー）6cm 6本・㋓（白）12cm 6本
[材料] C　クイリングペーパー13mm幅：㋐（白）5cm 6本・㋑（ライトオレンジ）6cm 6本・㋒（ライトイエロー）8cm 6本（12本）・㋓（白）12cm 6本

A【作り方】
㋐　直径0.8cmのルーズコイル→ルーズリーフ（P.42）を6個作り、セパレードガイド（P.56）にのせ、バランスを合わせて側面を貼る。
㋑　半分に折って折り山から2cmを貼り合わせ、両端は左右外側に巻く。これを6個作り、㋐の間に貼る。
㋒　Vスクロール（P.45）を6個作り、㋐にかぶせるように貼る。
㋓　直径1cmのルーズコイル→ルーズスクエア（P.43）を6個作り、㋑の先端に貼る。

B【作り方】
㋐　中心から2cmずつを貼り合わせ、両端は左右外側に巻く。これを3本作る。1本はそのまま使い（☆）、残り2本は中心で折り曲げて☆の中心に貼る（▲）。
㋑　直径0.8cmのルーズコイル→ルーズトライアングル（P.42）を6個作り、㋐の間に貼る。
㋒　Vスクロール（P.45）を6個作り、㋐先端に貼る。
㋓　直径1cmのルーズコイル→ルーズリーフ（P.42）を6個作り、㋒の間に貼る。

C【作り方】
㋐　両端を0.5cm外側に折って2枚を貼り合わる。これを3本作る。1本はそのまま使い（☆）、残り2本は中心で折り曲げて☆の中心に貼る（▲）。
㋑　Cスクロール（P.45）を6個作り、㋐の間に貼る。
㋒　直径0.8cmのルーズコイル→ルーズリーフ（P.42）を12個作り、㋐Y字の両側に貼る。
㋓　直径1cmのルーズコイル→ルーズリーフ（P.42）を6個作り、㋒の先端に貼る。

> **作り方のPoint**
> ラインストーンは最後に両面に貼る。吊るすための糸を通して輪を作る。

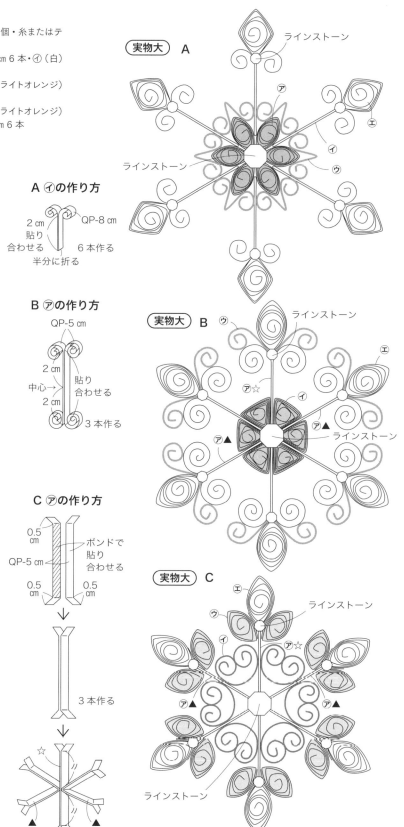

75

アルファベット A 〜 Z+&

P.24、25

[道具]　共通　中細スロット
[材料]　共通　クイリングペーパー 3 mm幅を使用。寸法は各パーツを参照。

[パーツの作り方]
ルーズコイル（P.42）、ルーズクレッセント（P.43）、S ルーズ（P.43）、ルーズドーム（P.42）タイトコイル（P.46）

(A)

②QP-12 cm 1 本
①QP-17 cm 1 本
直径 1.4 cmの
ルーズコイル→
ルーズクレッセント
③QP-0.5 cm 1 本
2 cmで
タイトコイル

(B)

②QP-4 cm 1 本
0.5 貼る
③QP-14 cm
1 本
①QP-17 cm 1 本
直径 1.4 cmの
ルーズコイル→
S ルーズ
2 cmで
タイトコイル

(C)

②QP-8 cm 1 本
③QP-1.5 cm
1 本
2 cmで
タイトコイル
①QP-20 cm 1 本
直径 1.7 cmの
ルーズコイル→
ルーズクレッセント

(D)

②QP-10 cm 1 本
①QP-20 cm 1 本
直径 1.7 cmの
ルーズコイル→
ルーズクレッセント

(I)

②QP-9 cm
1 本
③QP-3 cm 1 本
2 cmでタイトコイル
①QP-20 cm 1 本
直径 1.7 cmの
ルーズコイル→
S ルーズ

(J)

④QP-4 cm 1 本
①QP-12 cm 1 本
直径 1.1 cmの
ルーズコイル→
ルーズドーム
③QP-8 cm 1 本
②QP-20 cm 1 本
直径 1.7 cmのルーズコイル→
S ルーズ

(K)

QP-8 cm　各 1 本
2 cmで
タイトコイル
④
③
2 cmで
タイト
コイル
①QP-17 cm 1 本
直径 1.4 cmの
ルーズコイル→
ルーズドーム
②QP-17 cm 1 本
直径 1.4 cmの
ルーズコイル→
S ルーズ

(L)

③QP-4 cm 1 本
④QP-1.5 cm 1 本
①QP-17 cm 1 本
直径 1.4 cmの
ルーズコイル→
S ルーズ
2 cmで
タイト
コイル
②QP-5.5 cm
1 本

(Q)

②QP-12 cm 1 本
①QP-20 cm 1 本
直径 1.7 cmの
ルーズコイル→ルーズクレッセント
③QP-0.5 cm 1 本

(R)

④QP-10 cm 1 本
③QP-4 cm 1 本
2 cmで
タイトコイル
①QP-12 cm 1 本
直径 1.2 cmの
ルーズコイル→
S ルーズ
②QP-20 cm 1 本
直径 1.7 cmの
ルーズコイル→S ルーズ

(S)

2 cmで
タイトコイル
①QP-35 cm 1 本
直径 2.2 cmの
ルーズコイル→
S ルーズ
②QP-11 cm 1 本

(T)

QP-5 cm　各 1 本
②
③
2 cmで
タイトコイル
①QP-20 cm 1 本
直径 1.7 cmのルーズコイル→
ルーズクレッセント

(Y)

②QP-11 cm 1 本
①
QP-20 cm 1 本
直径 1.7 cmの
ルーズコイル→
ルーズクレッセント
2 cmで
タイトコイル

(Z)

④QP-5 cm 1 本
③QP-7 cm 1 本
②QP-12 cm 1 本
直径 1.1 cmの
ルーズコイル→
S ルーズ
①QP-17 cm 1 本
直径 1.4 cmのルーズコイル→
S ルーズ
2 cmでタイトコイル

(&)

③QP-12 cm 1 本
①QP-12 cm 1 本
直径 1.1 cmのルーズコイル→
ルーズクレッセント
④QP-0.5 cm 1 本
②QP-17 cm 1 本
直径 1.4 cmのルーズコイル→ルーズクレッセント

76

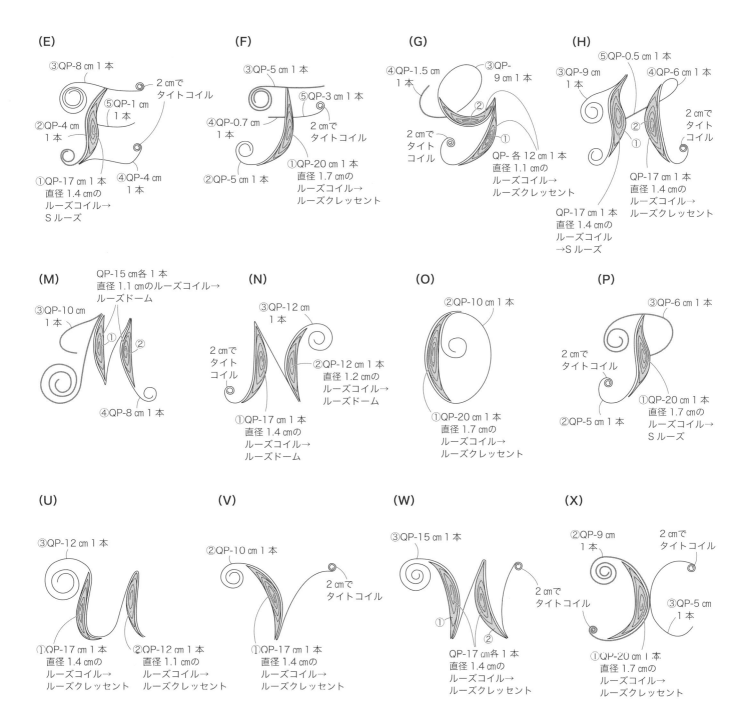

玄関用ウェルカムボード　　　　P.22

[道具] 太スロット（ビギナー用）または中細スロット
[材料] A クローバー　クイリングペーパー 3mm幅：(ア)(薄黄緑) 8cm 8本・(深緑) 5cm 8本・4cm 2本、(イ)(深緑) 8cm 8本・(薄黄緑) 5cm 8本・4cm 2本
[材料] B シロツメクサ　クイリングペーパー 5mm幅：(白) 8cm 4本
[材料] C カールフラワー　クイリングペーパー 3mm幅：(ピンク)(菖蒲色)(ラベンダー色) 各10cm 4本

[材料] D 茎と葉　クイリングペーパー 3mm幅：(薄黄緑) 8cm 4本、(うぐいす色) 12cm 2本
[材料] E 三枚葉　クイリングペーパー 3mm幅：(薄黄緑) 8cm 6本
[材料] F 縁飾り　クイリングペーパー 3mm幅：(うぐいす色) 7cm 40本、その他の材料:半球パール 3mm (白) 42個、フレーム(A4サイズ)と台紙(A4サイズ用紙)1組

【作り方】A クローバー
クイリングペーパー 3mm幅：(P.61の A)を参照し、(ア)(イ)各2個作る。

【作り方】B シロツメクサ
フリンジフラワー a (P.48)を4個作る。

【作り方】C カラフルフラワー
(P.61の A)参照し、2個作る

【作り方】D 茎と葉
QP 長さ12cmを V スクロール(P.45)にし、QP 長さ8cmを直径0.8cmのルーズコイル→ルーズリーフ(P.42)を2個作り、貼り合わせる。これを2個作る。

【作り方】E 三枚葉
直径0.8cmのルーズコイル→ルーズリーフ(P.42)を3個作り、貼り合わせる。これを2個作る。

【作り方】F 縁飾り
クイリングペーパー 3mm幅：(うぐいす色) 7cm 40本→ルーズスクロール(P.45)を作る。

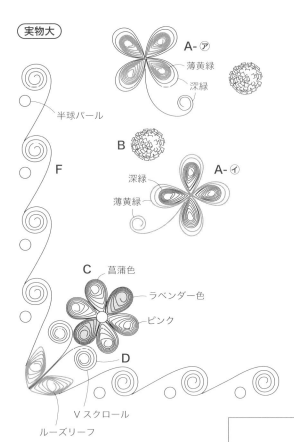

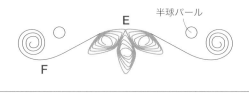

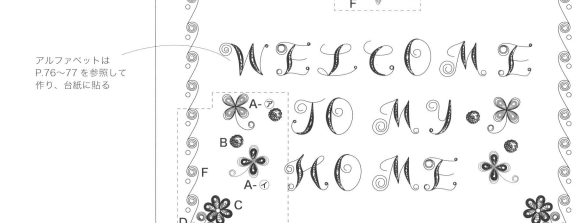

しずく形オーナメントのモビール

P.26

[道具] 太スロット（ビギナー用）、目打ち
[材料] クイリングペーパー10mm幅：（紫）8cm 9本・35cm 6本、（薄紫）8cm 3本・35cm 2本、（水色）8cm 3本・35cm 2本、（ベビーピンク）8cm 3本・35cm 3本

その他の材料：ボール紙13cm角1枚、紙テープ（紫）適宜、丸ビーズ4mm（焦茶色）6個、しずく型ビーズ15×18mm 12個、ラインストーン（紫）3mm 12個、リボン3mm幅（茶色）30cm 3本、ガラス丸ビーズ8mm（紫）6個、糸（茶色）適宜

【作り方】
リング ①ボール紙は図を拡大コピーしてリング型に切り抜き、紙テープをすき間なく巻き付ける。②目打ちで2mmほどの穴を6か所あける。③6か所あけた穴2つおきに3mmほどの穴をあけて先端を玉結びにしたリボンを通す。

しずく（Aパターン） ※Bパターンは図の配色を参照して作る
㋐ QP紫の長さ8cmでCスクロール（P.45）を6個作る。
㋑ QP紫の長さ8cmの残り3本は4プリーツ（P.47）にする。
㋒ QP薄紫、水色、ベビーピンク長さ35cmは直径2cmの輪を作り、さらに3回巻く。巻き終わりが上になるようにリップルコイル（P.44）を作り、ティアドロップ型にする。層になっているしずくの先端から左右1cmにボンドをつけて貼る。
㋓ ㋒の外側にQP紫35cmで2周巻き、余分を切り落としてティアドロップ型にする。しずく型の先端は同様に左右1cmにボンドをつけて貼る。

パーツ組み立て方 しずくの先端に㋐を2枚貼る。その間に長めに切った糸を通し、糸にガラス丸ビーズを通して結ぶ。㋑の頂点にボンドをつけ、㋒の中に貼る。しずく型ビーズとラインストーンはしずくの先端に両面から貼る。

モビールの組み立て方 AパターンとBパターンが交互になるようにリングの6か所の穴に糸を通していく。ガラス丸ビーズから先の糸の長さを15cm、20cm、25cm、30cm、35cm、40cmと5cmずつ長くなるように調節する。糸を通したらリングに丸ビーズに通してから結ぶ。

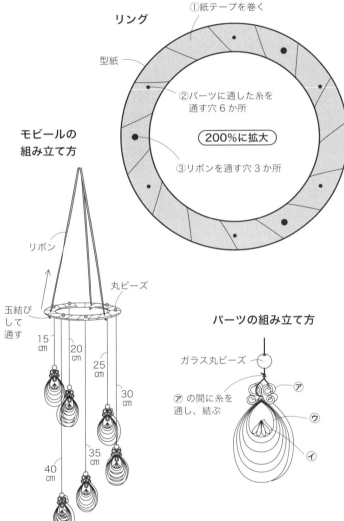

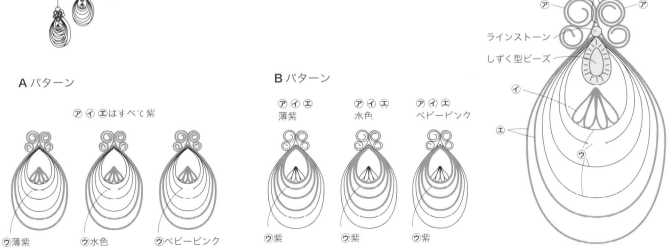

ホワイトリーフのリース

P.27

[道具] 太スロット（ビギナー用）
[材料] A／紙バンド 15mm幅 62cm 2本、ひも 20cm 1本
B／クイリングペーパー 13mm幅：（白）35cm 28本、
（ベビーピンク）（ベビーグリーン）各 17cm 7本
C／クイリングペーパー 13mm幅：（白）35cm 23本・17cm 23本

【作り方】
A ①紙バンド1本で直径20cmの輪を作り、両端は2cm重ねて貼り合わせる。②もう1本の端を①の内側の端と突き合わせにして、1本めの巻き始めの位置でカットする。③内側の輪の外側側面にボンドをまんべんなく塗り、外側の輪の内側に貼り合わせる。
B QP長さ35cmを図のように三重の輪にし、始まりと終わりにボンドをつけて貼る。QPの端を折り目に合わせ、リーフ型にする。これを14個作る。QP長さ35cmで直径2.2cmのルーズコイル→ルーズリーフ（P.42）、QP長さ17cmで直径1.4cmのルーズコイル（P.42）を作り、パーツの側面にボンドをつけてリーフ型の中に貼る。これをベビーピンクとベビーグリーン各7個作る。
C Bと同様にQP長さ35cmでリーフ型を作る。これを14個作る。QP長さ17cmを半分に折り、インサイドスクロール（P.46）にしてリーフ型の中に貼る。これを23個作る。

貼り付け方
Aの内側と外側にBとCを図のように並べ、Aとパーツ、さらにパーツ同士をボンドで貼る。

季節のミニフレーム（春・夏・秋）

P.28、29

[道具] 共通　中細スロットまたは太スロット（ビギナー用）
[材料] 共通　10.5cm角のフレームと8.8cm角の台紙1組
[材料] 春
A／クイリングペーパー 10mm幅：(黄色) 35cm 2本、クイリングペーパー 3mm幅：
　(黄緑) 4cm 1本
B／クイリングペーパー 10mm幅：(白) 35cm 1本、クイリングペーパー 3mm幅：
　(黄緑) 2.5cm 1本
C／クイリングペーパー 3mm幅：(緑) 10cm 3本・15cm 3本・20cm 2本・
　35cm 1本
D／クイリングペーパー 3mm幅：(白) 2cm 6本・(黄緑) 1cm 1本・6cm 1本

[材料] 夏
A／クイリングペーパー 3mm幅：(赤)(濃ピンク) 各4cm 5本
B／クイリングペーパー 3mm幅：(オレンジ色) 6cm 15本・(ラベンダー色)
　6cm 9本
C／クイリングペーパー 3mm幅：(濃ピンク) 8cm 13本・(赤) 8cm 10本
その他／ラインストーン 1.5mm 14個

[材料] 秋
A／クイリングペーパー 3mm幅：(黄色) 35cm 4本・2.5cm 2本
B／クイリングペーパー 3mm幅：(赤) 17cm 6本・12cm 4本・8cm 4本・
　2.5cm 2本

【作り方】

＊春
A　QP黄色2本をつなげてフリンジフラワーa（P.48）を作る。裏の直径1.5cm。
B　QP白2本をつなげてフリンジフラワーa（P.48）を作る。裏の直径1.2cm。
C　図を参照し、QP長さ10cmは直径0.8cm、QP長さ15cmは直径1cm、20cmは直径1.3cm、QP長さ35cmは直径1.5cmのルーズコイル→ルーズトライアングル（P.43）またはルーズダイヤ（P.43）にし、Aの黄緑をはさんで貼る。
D　QP白5本を半分に折りV字にして谷の内側に少しボンドをつけて5枚を重ねて貼る。残りの1本も半分に折り、谷の内側と外側に少しボンドをつけて一番内側に差し込む。端は内向きカールにさせる（綿毛）。QP長さ6cmは直径0.4cmのルーズコイル→ルーズリーフ（P.42）にする（タネ）。QP長さ2cm（茎）に綿毛とタネをつける。

＊夏
Aは直径0.5cm、Bは直径0.6cm、Cは直径0.7cmのルーズコイル→ルーズティアドロップ（P.42）にする。
■貼り付け方　中心から放射状にA、B、Cの順で貼る。Aの赤をすき間を開けた花のように貼り、その周りに濃ピンクを、同様にB、Cと貼る。ラインストーンを貼る。

＊秋
A　QP長さ35cmで直径1.1cmのリップルコイル（P.44）から角をくっきり作らないようにトライアングル型につぶしたものを2個作り、QP長さ2.5cmをカールさせて間に挟んで貼る。これを2組作る。
B　QP長さ17cmは直径1.4cmのルーズコイル→ルーズリーフ（P.42）を3個作る。QP長さ12cmは直径0.9cm、QP長さ8cmは直径0.7cmのルーズコイル→ルーズリーフ（P.42）をそれぞれ2個作る。QP長さ17cmのうち1個を垂直に置き、両側面にボンドをつけて残りの2個を貼る。QP長さ12cmはその下に水平になるように貼る。QP長さ8cmは逆V字に貼り合わせ、QP長さ2.5cmをカールさせV字の間に貼り合わせる。これを2組作る。

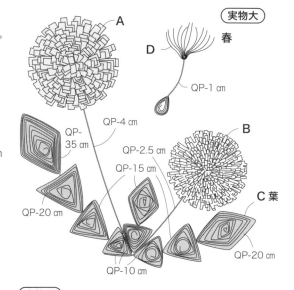

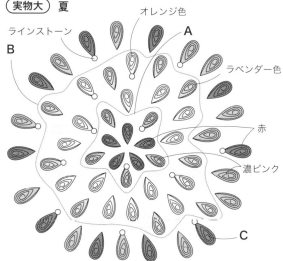

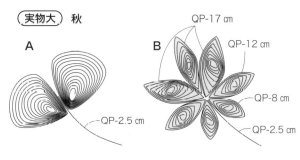

季節のミニフレーム(冬)

P.29

[道具] 中細スロット
[材料] A／クイリングペーパー 3mm幅：(濃空色) 8cm 6本
B／クイリングペーパー 3mm幅：(水色) 8cm 6本
C／クイリングペーパー 3mm幅：(水色) 6cm 6本
D／クイリングペーパー 3mm幅：(濃空色) 6cm 6本
その他／スワロフスキー 2mm (クリスタル) 6個・4mm (クリスタル) 1個、10.5cm角のフレームと8.8cm角の台紙 1組

【作り方】
A 直径0.7cmのルーズコイル→ルーズダイヤ(P.43)を6個作る。
B QPを半分に折り、谷から1.2cmを貼り合わせ、先をルーズハート(P.45)にする。6個作る。
C QPを半分に折り、折り山から両側を0.5cm残してVスクロール(P.45)を6個作る。
D 直径0.6cmのルーズコイル→ルーズリーフ(P.42)を6個作る。
貼り付け方 Aをセパレートガイドを使って花形に貼り、間にBを貼る。Bのハートの谷部分にDを垂直に貼る。Aにかぶせるように Cを貼り、Dの根元にスワロフスキーを貼る。

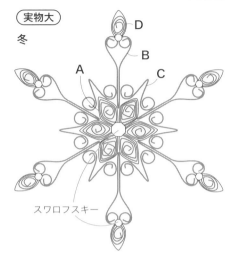

バラとユリのアロマディフューザー

P.30 (実物大型紙：P.57)

[道具] 共通 太スロット (ビギナー用)
[道具] 共通 極細ワイヤー 5cm 3本、ラタンスティック 12cm 3本・25cm 3本、お好みのアロマオイルとビン
[材料] バラ A／クイリングペーパー 13mm幅：(ベビーピンク) 35cm 3本
B／クイリングペーパー 3mm幅：(うぐいす色) 35cm 9本・8cm 3本
C／クイリングペーパー 5mm幅：(うぐいす色) 10cm 3本・17cm 3本
[作り方] ユリ A／画用紙 17×11cm：(白) リリー 6枚、ペップ (黄色) 6本
B／クイリングペーパー 3mm幅：(緑) 35cm 6本、8cm 3本
C／クイリングペーパー 5mm幅：(うぐいす色) 10cm 3本・17cm 3本

【作り方】 バラ (1本分)
A QP長さ35cmでフォールドローズ(P.49)を作る。
B QP長さ35cmで直径1.8cmのリップコイル→リップルリーフ(P.44)を3個作る。そのうち1つの周りをcm QP長さ8cmを半分に折り囲むように貼り、枝を作る(図①)。枝に2枚の葉を貼る。

【作り方】 ユリ (1本分)
A リリーを作る(P.50)。
B QP長さ35cmで直径1.8cmのリップコイル→リップルリーフ(P.44)を2個作る。そのうち1つの周りを5cmを半分に折り囲むように貼り、枝を作る(図①)。枝にもう1枚の葉を貼る。

【作り方】 茎 (バラとユリ共通)
C ①太スロットを使いQP長さ17cmでタイトコイル(P.46)を作る。
②ワイヤーの先を曲げてAに刺し、見えないところにボンドで貼る。
③反対側のワイヤーの先からタイトコイルを刺し、花の底にボンドで貼る。
④③とBをラタンスティックの端に合わせる。QP長さ10cmを水で湿らせ、ボンドを全体につけて巻いてとめる。

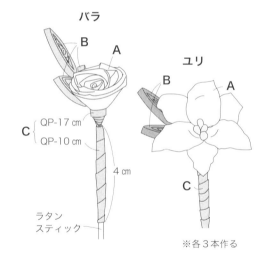

※各3本作る

C ワイヤリングの仕方

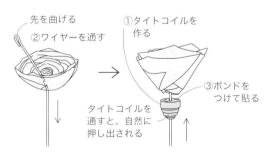

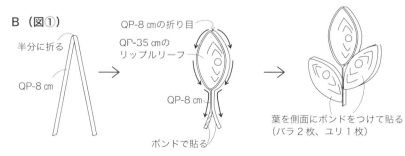

レリーフ模様のフォトフレーム

P.31

[道具] 中細スロット
[材料] クイリングペーパーはすべて 3mm 幅を使用
A／クイリングペーパー：（薄黄色）8cm 12 本・（レモンイエロー）8cm 8 本、半球パール 3mm 4 個
B／クイリングペーパー：（薄黄色）8cm 10 本・（レモンイエロー）17cm 2 本・8cm 6 本、ラインストーン 3mm 2 個、半球パール 2.5mm（白）6 個・（レモンイエロー）12 個
C／クイリングペーパー：（薄黄色）8cm 10 本・17cm 4 本・（レモンイエロー）17cm 2 本・8cm 6 本、ラインストーン 3mm 2 個、半球パール 2.5mm（白）6 個・（レモンイエロー）12 個
その他／ペーパーフレーム（2L サイズ）18.4 × 23.5cm

【作り方】
A　QP 薄黄色でタイトコイル（P.46）を 1 個と、ダブルスクロール（P.46）を 2 個作る。レモンイエローで 4 プリーツ（P.47）1 個と V スクロール（P.45）1 個を作る。V スクロールの谷の側面にボンドをつけ、ダブルスクロール 2 個をハート型になるように貼る。ダブルスクロールの内側に 4 プリーツを貼る。これを 4 組作る。
B　A と同様に薄黄色でタイトコイル（P.46）を 1 個と、ダブルスクロール（P.46）を 4 個作る。QP レモンイエロー長さ 8 cm で V スクロール（P.45）1 個と、直径 0.7 cm のルーズコイル→ルーズティアドロップ（P.42）を 2 個作る。QP レモンイエロー長さ 17 cm で直径 0.9 cm のルーズコイル→ルーズティアドロップ（P.42）を作る。図のようにパーツの側面を貼り合わせる。これを 2 組作る。
C　B と同じパーツを作り、加えて薄黄色 17 cm でダブルスクロール（P.46）を 4 個作って図のように貼り合わせる。これを 2 組作る。

Point
フレームに貼るときは左右対称になるように配置します。フレームの縁ギリギリにならないように余白を作りましょう。ラインストーンや半球パールは最後に貼ります。

発表会の招待状＆プログラム

P.32

[道具] 共通　中細スロット
[材料] 招待状　クイリングペーパーはすべて3mm幅を使用
A／クイリングペーパー：(黒) 8cm 1本・1cm 1本
B／クイリングペーパー：(黒) 8cm 1本・2cm 1本
C／クイリングペーパー：(黒) 8cm 2本・3cm 1本・1cm 1本
D／クイリングペーパー：(ピンク) ㋐ 12cm 1本・㋑ 3.5cm 2本・17cm 2本・4cm 1本・1cm 2本、ラインストーン 3mm (ピンク) 1個
その他／カード 21×15cm 1枚

[作り方] プログラム　クイリングペーパーはすべて3mm幅を使用
A・B・C／招待状のA～Cと同じ
D ㋐顔／クイリングペーパー：(ベビーイエロー) 35cm 1本・(黒) 8cm 1本、黒ペン
D ㋑チュチュ／クイリングペーパー：(ピンク) 17cm 1本・8cm 4本・(白) 5cm 4本
D ㋒脚／クイリングペーパー：(ベビーピンク)(ピンク) 各5cm 2本
D ㋓手／クイリングペーパー：(ベビーイエロー) 7cm 2本
その他／ラインストーン 3mm (ピンク) 1個、半球パール 3mm (白) 2個、カード A4サイズ 1枚

【作り方】 招待状

A QP長さ8cmでタイトコイル(P.46)を作り、少しオーバル型にする。QP長さ1cmをタイトコイルの側面に貼る。

B Aと同様にタイトコイルを作り、QP長さ2cmを半分に折り、片端をスロットの柄で少しカールさせてタイトコイルの側面に貼る。

C Aと同様にタイトコイルを2個作る。QP長さ3cmを3等分してコの字型に折る。片方の端を0.3cm切り落とし、両端をタイトコイルの側面に貼る。QP長さ1cmはコの字の中に0.2cmほど間隔をあけて貼る。

D ㋐リボン　QP長さ12cmを4等分し、中央の2つと両端をそれぞれスロットの柄でカールさせる。左右の折り目を中央に寄せて貼る（図①）。

㋑シューズ　QP長さ3.5cmを直径1cmの輪にする。その輪にQP長さ17cmの端にボンドを少しつけて貼り、直径2.5cmのリップルコイル→リップルティアドロップ(P.44)にする。これを2組作る。QP長さ4cmを半分に折ってV字にし、リボンとシューズをつなげる。QP長さ1cmを縦半分に切り、ティアドロップの上にクロスして貼る。

【作り方】 プログラム

A、B、C 音符　「招待状」と同様

D ㋐顔　QP長さ35cmでタイトコイル(P.46)を作る。QP黒で直径0.5cmのルーズコイル→ルーズクレッセント(P.43)を作る。タイトコイルの側面に貼り、タイトコイルを髪に見えるように黒ペンで三日月状に塗る。

㋑チュチュ　QP長さ17cmで直径1cmのルーズコイル→ルーズトライアングル(P.43)にする。QP長さ8cmでルーズハート(P.45)を4個作る。QP長さ5cmでもルーズハートを作り、8cmの中に貼る（図①）。QP長さ8cmのルーズハートを、パーツの側面で貼り合わせる。

㋒脚　QPベビーイエローを半分に折り、両端を0.2cm折って重ねて貼る。QPピンクでタイトコイル(P.46)を作り、ティアドロップ型にする。これを2組作る。

㋓手　QP長さ7cmのうち2cmをタイトコイル(P.46)にして少しつぶし、残りの部分を緩くの字に折り、㋑に貼り合わせる。

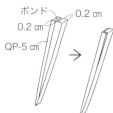

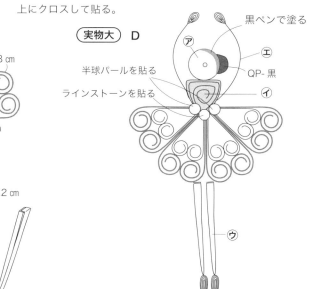

花束のメッセージカード　テンプレート

P.33（実物大型紙：P.57〜59）

[道具] 太スロット（ビギナー用）、グルーガンまたはボンド
[材料] ファンシーペーパー（レザック66）A4サイズ：（サクラ）（ミズ）（ミルク）（タマゴ）（ウスミドリ）各1枚
クイリングペーパー 3mm幅：（黄緑）8cm 8本、3cm 4本
竹串 30cm 7本
リボン幅 18mm 30cm
画用紙 A4サイズ（白）4枚

【作り方】

下準備 ㋐花束土台、㋑花束前面、㋒花土台、花メッセージカード、リーフメッセージカードは P.59 の型紙を拡大コピーして画用紙を切るか、テンプレートを画用紙にプリントアウトして切り抜く。㋐の上に㋑をポケット状になるように貼り（図①）、リボンを結んでグルーガン（またはボンド）で前面につける。竹串を㋒花土台の表につける。

A ファンシーペーパー（サクラ）（ミズ）（タマゴ）からスパイラルローズ a(LL) を各1枚切り抜き、裏の直径3cmで巻き（P.49）、花土台の表に貼る。

B ファンシーペーパー（サクラ）（ミズ）（タマゴ）（ミルク）からカールフラワー a (L) と (M) を各2枚切り抜く。それぞれカールさせ、花びらが重ならないように貼る（P.51）。ファンシーペーパー（サクラ）からスパイラルローズ a(L) を1枚、（ミルク）からスパイラルローズ a(L) を3枚切り抜き、それぞれ裏の直径1cmで巻いたもの（P.49）を各花の中央に貼る。

C リーフの型紙（P.59）でファンシーペーパー（ウスミドリ）を4枚切り抜く。QP 黄緑8cmを半分に折り、谷から1.5cmをボンドで貼り合わせてY字にし、両端をはさみで斜めにカットする。これを2個作り、リーフの中心に並べて貼り、QP 長さ3cmの端を斜めにカットしたものをY字からまっすぐ出るように貼る（図②）。これを4組作り、花土台の表に花からのぞくように貼る。

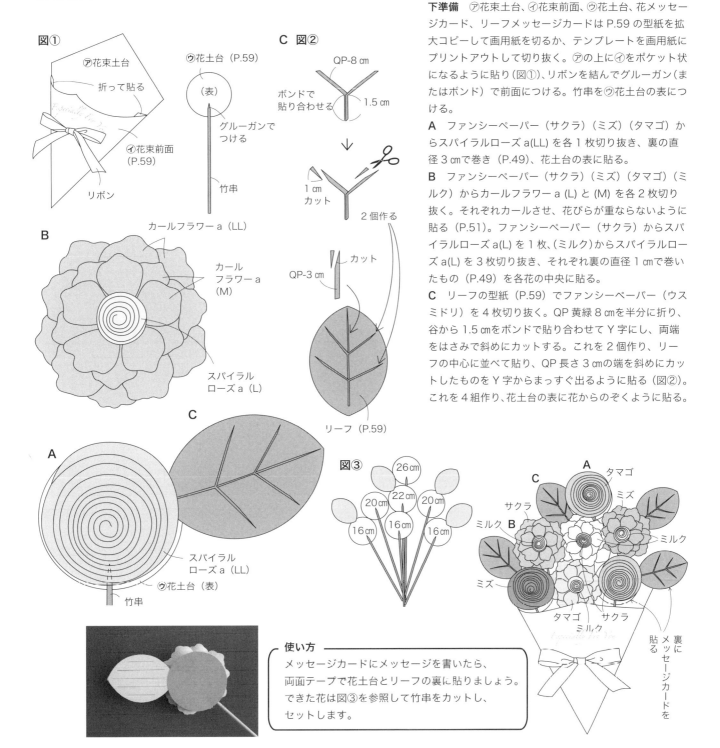

使い方 メッセージカードにメッセージを書いたら、両面テープで花土台とリーフの裏に貼りましょう。できた花は図③を参照して竹串をカットし、セットします。

85

6種のフルーツのギフトタグ 〔テンプレート〕 P.34、35

[道具] 共通　中細スロット、目打ち
[材料] 共通　画用紙A4サイズ1枚、麻ひも（焦茶色）適宜
クイリングペーパーはすべて3mm幅を使用
[材料] バナナ　A・B／クイリングペーパー：（黄色）35cm 4本、C／クイリングペーパー：（黄色）3cm 1本
[材料] ベリー　A／クイリングペーパー：（牡丹色）8cm 14本、B／クイリングペーパー：（深緑）4cm 4本、C／クイリングペーパー：（深緑）8cm 1本
[材料] イチゴ　A／クイリングペーパー：（赤）35cm 8本、B／クイリングペーパー：（深緑）8cm 3本・2cm 1本・6cm 1本、C／クイリングペーパー：（白）6cm 5本、その他／半球パール2mm（白）8個、ラインストーン2mm（金）1個
[材料] オレンジ　A／クイリングペーパー：（オレンジ色）17cm 5本・（白）5cm 5本、B／クイリングペーパー：（白）18cm 1本、C／クイリングペーパー：（白）17cm 1本、D／クイリングペーパー：（オレンジ色）17cm 1本
[材料] 青リンゴ　A／クイリングペーパー：（黄緑）35cm 4本、B／クイリングペーパー：（深緑）12cm 1本、C／クイリングペーパー：（茶色）2cm 1本
[材料] ぶどう　A／クイリングペーパー：（紫）10cm 9本・（ラベンダー色）10cm 1本、B／クイリングペーパー：（深緑）12cm 3本、C／クイリングペーパー：（深緑）8cm 1本

（実物大）
ベリー

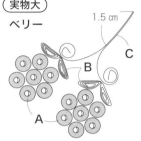

イチゴ

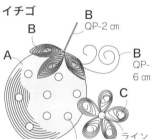

オレンジ

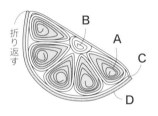

青リンゴ

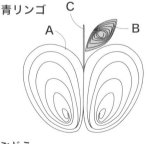

ぶどう

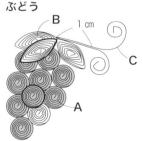

（実物大）
バナナ

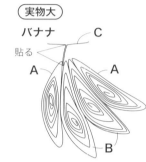

【作り方】バナナ
A　直径1.5cmのルーズコイル→ルーズクレッセント（P.43）を2個作る。
B　直径1.8cmのルーズコイル→ルーズクレッセント（P.43）を2個作る。
C　半分に折って両端を広げてT字にし、広げなかった部分はボンドで貼る。
貼り付け方　AはBを両側からはさむように貼る。その上にCを貼る。

【作り方】ベリー
A　タイトホール（P.46）を7個作り、図のように貼り合わせる。2組作る。
B　直径0.4cmのルーズコイル→ルーズクレッセントを4個作る。
C　QPを半分に折り、折り目から1.5cmまで貼り合わせ、その先はカールさせる。

【作り方】イチゴ
A　タイトコイル（P.46）を作り、2本めからは突き合わせてつなぎ、手で巻いていく。7本つなげる。ティアドロップ型にする。
B　QP長さ8cmは直径0.6cmのルーズコイル→ルーズリーフ（P.42）を3個作る。QP長さ2cmは半分に折って貼り合わせ、6cmは端から2cmで折り、セイムサイドスクロール（P.45）にする。
C　直径0.5cmのルーズコイル→ルーズティアドロップ（P.42）を5個作り、セパレートガイド（P.56）を使って花に貼り合わせる。
貼り付け方　Aの上の側面にセイムサイドスクロールを貼り、ルーズリーフをAの上に重ねて図のように貼る。CはAに少し重ねるように貼り、半球パールとラインストーンを貼る。

【作り方】オレンジ
A　QPオレンジ色で直径0.8cmのルーズコイル→ルーズティアドロップ（P.42）を作る。QP白を3周巻き、ルーズティアドロップの先端で余分は切る。これを5個作り、図のように貼り合わせてドーム型にする。
B　タイトコイル（P.46）を作り、ドーム型にしてAの中心に貼る。
C　A、Bの周りにQPを2周巻く。巻き始めと終わりはドーム型の角にくるようにして、余分を切って貼る。
D　A、Bのドーム型のカーブの角からQPを貼り、反対側の角で折り返して貼る。余分は切り落とす。

【作り方】青リンゴ
A　QP2本をつなぎ直径2cmのリップルコイル→ラウンドリップル（P.44）を2個作り、側面を貼る。
B　直径0.8cmのルーズコイル→ルーズリーフ（P.42）を作り、Cの側面に貼る。
C　QPを半分に折ってボンドで貼り、Aの間にはさんで貼る。

図①

【作り方】ぶどう
A　直径0.6cmのルーズコイル（P.42）を紫9個、ラベンダー色1個作る。
B　直径0.8cmのルーズコイル→ルーズリーフ（P.42）を3個作る。
C　QPを半分に折りVスクロール（P.45）を作る。折り山から1cmを貼り合わせる。
貼り付け方　Aを9個図①のように貼り、Bを2個ハの字に貼り合わせて貼る。A1個はAの上に、B1個はBの上に重ねて貼る。CはBの上の側面に貼る。

ネックレス＆イヤリング

P.36

[道具] 共通　細スロット、目打ち
[材料] ネックレス
A／クイリングペーパー 3mm幅：(菖蒲色) 12cm 9本・(紫) 35cm 1本
B／クイリングペーパー 3mm幅：(紫) 12cm 6本・8cm 4本・2cm 2本・3cm 2本
その他／ラインストーン 3mm (紫) 20個、丸カン直径 3mm 6個、9ピン 2本、
　　　　チェーン 25cm 2本、アジャスター 1組、ネイル用トップコート

[材料] イヤリング
クイリングペーパー 3mm幅：(菖蒲色) 8cm 18本・(紫) 17cm 2本
ラインストーン 2mm (紫) 20個、イヤリング台 1組、ネイル用トップコート

【作り方】 ネックレス
A QP紫でタイトコイル（P.46）を作る。QP菖蒲色は直径0.8cmのルーズコイル→ルーズキャットイヤー（P.44）を9個作る。側面と先端にボンドをつけてタイトコイルの周りに貼る。このとき9ピンを花びらの間に2か所挟んで接着する（図①）。
B QP長さ12cmで直径0.8cmのルーズコイル→ルーズリーフ（P.42）を3個作る。㋐ QP長さ2cmを半分に折って貼り合わせ、わでない側に穴をあけて、両側にルーズリーフを貼る。㋑ QP長さ8cmで直径0.6cmのルーズコイル→ルーズリーフ（P.42）を2個作り、V字に貼り合わせる。㋒ QP長さ3cmを半分に折って0.3cmつまむ。折り山側に穴をあけ、ボンドをつけて、残りのルーズリーフを包むように貼る。㋐㋑㋒を貼り合わせる。これを2組作る。
仕上げ A、Bともにトップコートを塗り、Aはラインストーンを表と裏に10個ずつ貼る。丸カンで図のようにつなぐ。

【作り方】 イヤリング
QP紫でタイトコイル（P.46）を作る。菖蒲色は直径0.6cmのルーズコイル→ルーズキャットイヤー（P.44）を9個作り、側面と先端にボンドをつけてタイトコイルの周りに貼る（図①参照）。これを2組作る。トップコートを塗り、ラインストーンを貼る。イヤリング台に貼る。

87

菊地七夢

生花やフラワーアレンジメントの経験を活かし、ペーパークイリングで結婚式のウェルカムボードやペーパーアイテムなどを制作するアトリエNKcraft（http://www.nk-craft.net/）を立ち上げる。色合いや質感にこだわったオリジナル材料の開発、販売も手掛ける。近年は百貨店やクラフトショップなどで作品の展示販売、企業との商品開発や広告用の作品制作、店舗デコレーションなども。また、ペーパークイリング普及のためにアトリエでのプライベートレッスン、出張ワークショップも行っている。ヴォーグ学園横浜校、東京校などで講師を務める。著書『ペーパークイリング レッスンブック』（小社）。

既刊案内
「ペーパークイリング レッスンブック」

作品は生活のシーンで使えるアイテムを中心に、バースデーやハロウィン、クリスマスなどのイベントで活躍する小ものを紹介。切ってそのまま作れる色型紙、はじめてでも安心の基礎ノート付き。NV70290

[用具・素材協力]

PAPETERIE

紙の仕立て屋さんパペティエール（実店舗）
http://papeterie-kamiya.com/
〒135-0048
東京都江東区門前仲町1-15-3　吉田ビル1階
TEL.03-6458-8735

NKcraft（ネットショップ）
http://www.nk-craft.net/

[スタッフ]

撮影	白井由香里（口絵）
	森村由紀・下江真貴子（プロセス）
ブックデザイン	石田百合絵（ME & MIRACO）
作り方解説	しかのるーむ
編集	加藤みゆ紀

[Special thanks]
作品制作協力
有限会社モグラデザイン
NKcraft Staff　森 一恵、唐沢美佳、小野崎佳子、西田 恵
パペティエール　村田未帆子、大西寛子

ペーパークイリング スタイルブック

発行日	2017年12月13日
著　者	菊地七夢
発行人	瀬戸信昭
編集人	今 ひろ子
発行所	株式会社日本ヴォーグ社
	〒164-8705　東京都中野区弥生町5-6-11　ヴォーグビル
	編集 TEL.03-3383-0643　販売 TEL.03-3383-0628
振替	00170-4-9877
出版受注センター	TEL.03-3383-0650　FAX.03-3383-0680
印刷所	凸版印刷株式会社

Printed in Japan　© Namu Kikuchi 2017
NV70443 ISBN978-4-529-05742-4 C5077

- 本書の複製権・翻訳権・上映権・譲渡権・公衆送信権（送信可能化権を含む）は株式会社日本ヴォーグ社が管理の委託を受けています。
- JCOPY（社）出版者著作権管理機構 委託出版物
- 本書の無断複写は著作権法上での例外を除き禁じられています。複写される場合は、そのつど事前に、（社）出版者著作権管理機構（TEL.03-3513-6969、FAX.03-3513-6979、e-mail: info@jcopy.or.jp）の許諾を得てください。
- 万一、乱丁本、落丁本がありましたらお取り替えいたします。お買い求めの書店か小社販売部へお申し出下さい。

日本ヴォーグ社関連情報はこちら
（出版、通信販売、通信講座、スクール・レッスン）
http://www.tezukuritown.com/　[手づくりタウン] [検索]

あなたに感謝しております
We are grateful.

手づくりの大好きなあなたが、
この本をお選びくださいましてありがとうございます。
内容はいかがでしたでしょうか？
本書が少しでもお役に立てば、
こんなにうれしいことはありません。
日本ヴォーグ社では、手づくりを愛する方との
おつき合いを大切にし、ご要望におこたえする商品、
サービスの実現を常に目標としています。
小社及び出版物について、何かお気付きの点や
ご意見がございましたら、何なりとお申し出ください。
そういうあなたに、私共は常に感謝しております。

株式会社日本ヴォーグ社社長　瀬戸信昭
FAX 03-3383-0602